Goldmann RATGEBER

Band 10567

Olga Tschechowa · Schönheits-Schule

Zu diesem Buch

»Frau Tschechowa, bitte verraten Sie uns Ihr Geheimnis«, das hört Olga Tschechowa immer wieder, wenn sie auf Vortragsreisen in Sachen Schönheitspflege unterwegs ist. In diesem Buch plaudert die bekannte Schauspielerin und Kosmetikexpertin nun zum ersten Mal »aus der Schule«. Drei Bedingungen stellt sie an jede Frau, die ihre Schönheit bis ins Alter erhalten will: Eine gesunde Ernährung, viel Gymnastik und eine konsequente Haut- und Körperpflege. Ausführlich behandelt sie alle Bereiche der Schönheitspflege und gibt genaue Anweisungen zur Pflege der verschiedenen Hauttypen, zur individuellen Anwendung des Make-ups und zur Beseitigung von Schönheitsfehlern. Außerdem hat ihre Methode noch einen ganz besonderen Vorteil – sie ist nicht allzu teuer. Man kann sich nämlich viele Kosmetikpräparate selbst herstellen, da sie alle auf pflanzlicher Basis beruhen.

Wenn Sie Wert darauf legen, von Kopf bis Fuß gepflegt zu sein, dann sollten Sie einmal bei Olga Tschechowa in die Schule gehen und ein paar Lektionen in Ganzheitskosmetik nehmen. Es lohnt sich!

OLGA TSCHECHOWA

Schönheits-Schule

Tips und Ratschläge
zur täglichen Schönheitspflege

WILHELM GOLDMANN VERLAG MÜNCHEN

70510 · Made in Germany · I · 1110
 Umschlagentwurf: Ilsegard Reiner. Foto: Gruner + Jahr, Hamburg. Satz und Druck: Presse-Druck, Augsburg. Verlagsnummer: 10567 · Br/Pay
ISBN 3-442-10567-6

Inhalt

Vorwort

Liebe Leserin,
darf ich Ihnen zu Beginn dieses Buches ein Märchen erzählen?

Es war einmal ein Mädchen, das war so häßlich, daß kein Mensch es leiden mochte. Als nun der Karneval kam, wollte es wenigstens einmal auf einen Ball gehen, und es suchte deshalb einen Mann auf, der Masken verlieh. Wegen seiner Häßlichkeit schämte es sich jedoch so sehr, daß es kein Wort hervorbrachte. Da überreichte ihm der Alte die Maske der Schönheit.

Das Mädchen fühlte sich verspottet und ging recht traurig auf den Ball. Aber es sah so schön aus wie keine andere, und alle bewunderten es. Ein schöner junger Mann umwarb das Mädchen und tanzte mit ihm allein, die ganze Nacht. Nie zuvor war das Mädchen so glücklich gewesen. Schließlich sagte der junge Mann: »Ich liebe dich, du mußt immer bei mir bleiben, aber nun zeige mir endlich dein Gesicht!«

»Ich kann mein Gesicht nicht zeigen, ich bin häßlich«, rief das Mädchen verzweifelt und floh in die Nacht, um dem Alten die Maske zurückzugeben. Aber weder der Alte noch sein Haus waren mehr aufzufinden . . .

Der junge Mann aber war dem Mädchen gefolgt und nahm ihm jetzt die Maske vom Gesicht – und siehe da, ein Antlitz von wunderbarer Schönheit strahlte ihm entgegen!

Liebe und Glück hatten das Gesicht des Mädchens von innen heraus verschönt und verklärt . . .

Sagen Sie jetzt nicht gleich, das sei bloß ein Märchen, Ihre kleinen und großen Kümmernisse aber seien traurige Wahrheit. Ich rate Ihnen, liebe Freundin, greifen Sie auch zur Maske der Schönheit. Sie ist heute nicht mehr ein Geschenk, das nur im Märchen vorkommt, sondern für jeden erreichbar, der die Methoden der modernen Schönheitspflege anzuwenden versteht.

Sie müssen wissen, daß ich mich seit mehr als dreißig Jahren mit der Schönheitspflege beschäftige – das war schon seit jeher mein Hobby: In Paris, London, Wien, Berlin und Hollywood habe ich mich mit den bekanntesten Fachleuten unterhalten und ihre Methoden genau studiert. Stets gab ich gerne gute Ratschläge, und ich freute mich aufrichtig auch über den Erfolg der anderen.

Lassen Sie mich darum hoffen, daß dieses Buch auch für Sie ein unentbehrlicher Ratgeber wird.

Ihre Olga Tschechowa

Plaudereien zum Thema Schönheit

»Frau ohne Alter«?

Zunächst möchte ich Ihnen ein paar Worte zum Problem des Alterns sagen. Fürchten Sie sich nicht davor! Es gibt ein Grundübel unserer Zeit, der Jugend den Vorzug zu geben, so daß die allgemeine Furcht vor dem Älterwerden – zumindest auf den ersten Blick – nicht ganz unberechtigt erscheint. Aber nur auf den ersten Blick! Denn es ist eben gerade der große Irrtum unserer Generation, die Jugend so sehr in den Vordergrund zu rücken, daß diese ihre größten Reize einzubüßen droht.

Schuld daran ist aber vor allem die Einstellung zum Problem des Alterns. Sie werden niemals einen anderen davon überzeugen können, daß Sie eine »Frau ohne Alter« sind, wenn Sie nicht auch selbst davon überzeugt sind. Deshalb sollten Sie sich auch niemals jünger machen wollen, als Sie eigentlich sind. Das wirkt nur lächerlich und abstoßend. »Jugendlich« und »jung« ist nicht dasselbe.

Ebenso verkehrt ist es, sich durch Gleichgültigkeit gegenüber dem eigenen Aussehen, durch häßliche Kleider, Verachtung der Mode und eine ungepflegte Erscheinung am eigenen Alter rächen zu wollen.

Jede Epoche unseres Lebens muß zu einem kleinen Kunstwerk gestaltet werden. Dann haben Sie das Alter besiegt, und Sie werden in ihm den besten Bundesgenossen haben.

Denken Sie nur an die berühmten Frauen der Geschichte, sie standen fast alle auf der Höhe ihres Lebens, als sie zum gefeierten Mittelpunkt wurden. Cleopatra war beinahe vierzig Jahre alt, als Antonius sich in sie verliebte. Die schöne

Helena war sogar noch ein paar Jahre älter, als Paris sie entführte und um ihretwillen der Trojanische Krieg entbrannte. Und Ninon de Lenclos, die Verkörperung des Ideals zeitloser Schönheit, war vierunddreißig, als der Marquis de Sévigné in Liebe zu ihr »entbrannte«, und vierundsiebzig, als dessen Enkel sich unsterblich in sie verliebte!

Ohne die ständige Angst vor dem Altern kommt man auch über die kritische Zeit der Wechseljahre besser hinweg. Denn eigentlich ändert sich damit doch gar nicht allzuviel – es endet zwar die Möglichkeit, Kinder zu bekommen, aber die Erotik braucht deshalb noch lange nicht aufzuhören!

Es ist nur eine Frage der inneren Einstellung und der Bereitschaft zu intensiver Schönheitspflege, wie sehr Sie in diesen Jahren für Ihren Mann begehrenswert sind und bleiben. Manche Frauen haben mit Bitterkeit erfahren müssen, daß sich das Interesse der Männer den jungen Mädchen zuwandte, je älter sie wurden. Aber, meine Damen, Hand aufs Herz! Sind Sie nicht selber daran schuld? Haben Sie nicht eines Tages resigniert? Den Kampf aufgegeben, weil es doch keinen Zweck hatte? Allenfalls haben Sie sich noch ein wenig geschminkt, aber Ihren Körper haben Sie vernachlässigt. Wozu auch? Sie sind ja verheiratet! Und Ihr Mann ist schließlich auch nicht mehr der jüngste! Warum sich also die Mühe machen?

Sehen Sie, wenn Sie so handeln, dürfen Sie sich nicht beklagen. Es ist leider häufig so, daß eine Frau mit vierzig Jahren die meisten ihrer körperlichen Reize verloren hat. Und gerade das müßte absolut nicht so sein!

Noch eines sollten Sie bedenken: Man muß sich darum bemühen, zu allen Vorkommnissen des täglichen Lebens, seien es Freuden oder Sorgen und Enttäuschungen, unbedingt eine positive Einstellung zu wahren. Hierzu gehören auch:

die eigene Einstellung anderen Menschen gegenüber, die Wahl der Freunde, die Art des Umgangs mit Freunden und die Liebe zu einem gepflegten, gemütlichen Heim. Ich meine damit die spürbare Auswirkung des Gemütes, eine nie versiegende Liebenswürdigkeit und den Charme.

Charme ist etwas, das man kultivieren kann. Im Gesichtsausdruck, im Lächeln, im Auftreten liegt Charme. Aber darüber möchte ich später noch ein paar Worte sagen. Wichtig für Ihren Erfolg bei Ihren Mitmenschen ist jedenfalls die Entwicklung einer ausgeglichenen Persönlichkeit. Und was wäre Persönlichkeit anderes als die erste Voraussetzung für eine wirklich zeitlose Schönheit?

Man ist so alt, wie man sich fühlt. Das bedeutet, man kann mit dreißig alt und müde, und mit fünfzig voller Spannkraft und jung sein. Wenn Sie also schon – nein, erst! – fünfundvierzig sind, können Sie für einen Mann anziehender sein als ein junges Mädchen – freilich nur, wenn Sie sich pflegen.

Vielleicht werden Sie jetzt sagen: »Dazu habe ich keine Zeit!« Oder Sie halten mir vor: »Sie haben ja auch das nötige Geld dazu und vor allen Dingen die notwendige Zeit!«

Dazu kann ich Ihnen nur sagen, daß auch mein Leben randvoll von Sorgen ist. Nur zeige ich davon nichts. Ich übertreibe nicht, wenn ich Ihnen sage, daß ich nahezu das ganze Jahr über von morgens bis abends nur Arbeit kenne. Bin ich einmal beruflich frei, so ist das nur eine Scheinfreiheit, die angefüllt ist mit schwierigen Vorarbeiten für neue Aufgaben. An Geld oder Zeit kann es also nicht liegen, wie lange wir unser gutes Aussehen erhalten. Das relative Alter hat tiefere Merkmale. Früher alterten die Frauen schneller, und doch beweisen die berühmten Schönheiten vergangener

Zeiten, daß es eine wahrhaft zeitlose Schönheit gibt, wenn man es nur versteht, seiner Persönlichkeit eine unverwechselbare Note zu geben. Merkwürdig also, daß die meisten Frauen die Zeit des Alterns als eine Zeit der Leere ansehen, eine Zeit ohne Liebe, ohne Lebensglück. Warum eigentlich? Sie dürfen sich doch nicht selbst in solche Komplexe hineinsteigern. Entscheidend ist es, mit sich und seiner Umwelt im Einklang zu leben.

Vergessen Sie Ihr Alter! Auf die Jahre kommt es nicht an. Auch ich hatte einmal Angst davor, was dann sein würde, wenn ich die Vierzig überschritten haben würde. Aber ich habe bis heute noch nicht bemerkt, daß ich älter wurde. Ich bin frisch und lebendig geblieben; ich habe mich gepflegt! Heute fühle ich mich so jung wie nur je zuvor – und das können auch Sie. Ihnen dabei zu helfen ist der Sinn meines Buches.

Immer wieder werde ich gebeten: »Frau Tschechowa, bitte verraten Sie uns Ihr Geheimnis!«

Mein Geheimnis? Klingt das nicht beinahe wie ein Filmtitel? Ja, dieses Buch hat auch etwas mit Film zu tun: mit dem Film Ihres Lebens. Und in diesem Film möchte ich gerne ein wenig Regie führen.

Legen Sie bitte dieses Buch gleich auf Ihr Nachtkästchen, damit Sie es immer zur Hand haben und darin blättern können. So wie jeder Regisseur sich bemüht, aus seinen Darstellern gute Schauspieler zu machen, wünsche ich mir, daß Sie die Ratschläge meines Buches beherzigen und danach leben.

Ich glaube, daß Sie ein neuer Mensch geworden sind, wenn Sie dies alles erfaßt haben. Sie wollen doch sicher schön sein! Und schön sein heißt gepflegt sein. Uns allen tut es gut, wenn wir die Aufmerksamkeit anderer Menschen auf uns lenken. Und wie glücklich sind wir, wenn wir gefallen!

Ja, liebe Leserin, ist nun mein Geheimnis überhaupt ein Geheimnis? Im Grunde genommen ist es eigentlich nur der sichtbare Erfolg einer gesunden und vernünftigen Lebensweise. Meine Kosmetiklehre, die Pflege des Körpers und eine vernünftige Ernährung, erstreckt sich auf den ganzen Menschen. Und diese Ganzheitskosmetik kostet gar nicht einmal soviel Geld, im Gegenteil, wenn Sie sich daran halten, werden Sie sogar besser haushalten können. Denn die echte und einzig wirksame Kosmetik dringt auch bis in die Küche vor!

Leben Sie danach, damit Sie älter werden, ohne daß man es Ihnen ansieht und ohne daß Sie es selber so recht merken!

Charme – die sicherste Waffe einer Frau

Ich muß gestehen: Die Arbeit an diesem Buch fängt an, alle meine Gedanken und Gefühle zu beherrschen. Selbst in meinen Träumen tanzen schon kleine, mollige Amoretten, stäuben Puder, und die Lippenstifte laufen noch röter an, als es notwendig ist.

Wissen Sie, wer mir heute im Traum erschien? Natürlich war es ein Mann, und zwar der, von dem die Sage berichtet, daß er am meisten von den Frauen verstand: Paris persönlich! Er trug ein königliches Gewand, genau wie damals in Troja, als ihm die drei Göttinnen Hera, Pallas Athene und Aphrodite entgegentraten, um von ihm das Urteil zu hören, welche von ihnen die Schönste sei. Sie wissen ja, Paris entschied die Schönheitskonkurrenz um den Apfel sehr schnell: Aphrodite, die schaumgeborene Göttin der Liebe, erhielt den Preis von ihm zugesprochen. Ihn reizte weder die Macht, die ihm Hera versprach, noch die Weisheit, die Athene ihm schenken wollte, er verlangte nichts anderes als die schönste Frau der Welt: die schöne Helena.

Ich war, das können Sie sich denken, ein wenig verwirrt, als ich den antiken Preisrichter über göttliche Frauenschönheit plötzlich in meinem Schlafzimmer vor mir sah. Aber dann fragte ich ihn, welcher Göttin er wohl heute den Apfel reichen würde; ob er sich vielleicht doch eines besseren besonnen hätte, da sein Urteil damals den Trojanischen Krieg entfacht habe.

Paris jedoch lächelte charmant und antwortete achselzukkend: »Ich bin ein Mann, Madame. Männer werden bekanntlich niemals klug, wenn es sich um schöne Frauen handelt. Ich gäbe Aphrodite wieder den Apfel, denn sie war nun einmal nicht nur die Schönste, sie war vor allem die Charmanteste! Und das, worauf wir Männer immer wieder hereinfallen, ist und bleibt nun einmal der Zauber des Charmes.«

Schönheit, Klugheit, Raffinesse, Sex-Appeal – nun, das sind alles Eigenschaften, die einer Frau das Leben leichter machen und ihren Erfolg – zumindest für eine bestimmte Zeit – garantieren können. Von der Klugheit gilt das jedoch schon mit gewissen Einschränkungen, denn nach meinen Erfahrungen würde ich fast sagen, daß die Männer (obwohl sie das gar nicht gerne hören!) immer nur sehr kurze Zeit von nur klugen Frauen fasziniert sind.

Aber eines gibt es, das beinahe alle diese Geschenke der Natur in den Schatten stellt: den Charme. Charme ist eine Waffe, die nie verwundet und doch die eigene Position unverwundbar macht. Er ist an keine Zeit und kein Alter gebunden.

Was ist eigentlich Charme? Man kann diesen Begriff unmöglich genau definieren, genausowenig, wie man den Reiz dieses Wortes ganz zu fassen oder die Leichtigkeit einer heiteren Atmosphäre zu analysieren vermag. Charme ist mehr als Schönheit; ihre Macht ist zwar unumstritten, aber sie kann wohl kaum die gleichen Siege erringen wie der Charme, der schon oft einer häßlichen Frau zum größten Erfolg verholfen hat.

Merkwürdigerweise fällt mir bei dem Wort Charme immer als Musterbeispiel die Paiva ein, deren sensationelle Lebensgeschichte mich seit jeher fasziniert hat. Nehmen wir uns die Zeit, ein wenig von dieser Frau zu plaudern. Sie wurde in einem Ghetto geboren (keiner weiß genau, ob in Warschau oder Moskau) und heiratete in Paris einen Mann, der aber ihren Charme nicht genügend zu würdigen wußte. Daher ließ sie sich bald wieder scheiden, und eine Zeitlang ging es ihr so schlecht, daß sie vor Hunger ohnmächtig auf den Champs Elysées umfiel. Als sie wieder zu sich kam, waren ihre ersten Worte: »An dieser Stelle will ich einmal ein Palais haben!« Sie heiratete denn auch wenig später den nicht mehr ganz jungen, portugiesischen Marquis de Paiva, der sie zu der berühmten »Paiva« machte, die ganz Paris bewunderte und verehrte. Der Marquis errichtete auch wirklich an derselben Stelle, an der Madame aus ihrer Ohnmacht erwacht war, das berühmte Palais. Als er starb, heiratete sie den Fürsten Henkel-Donnersmarck, der sie zu einer der reichsten Fürstinnen Schlesiens machte, was sie nicht allein ihrer Schönheit, sondern vor allem ihrem berühmten Charme zu verdanken hatte.

Man könnte ein ganzes Buch bloß über die Erfolge von Frauen mit Charme schreiben. Ist er nur Liebenswürdigkeit? Nein, es gibt wohl kaum einen charmanten Menschen, der nicht auch liebenswürdig wäre, aber liebenswürdige Menschen brauchen noch lange nicht charmant zu sein. Es gibt allerdings auch einen täuschenden Charme, der alles verspricht und nur wenig hält, der eben nicht Teil der Persönlichkeit, sondern nur eine Attrappe ist, hinter der sich die eigentliche – oft gar nicht sehr charmante – Persönlichkeit verbirgt.

Charme ist die Grazie des Herzens, die Grazie des Geistes. Er äußert sich oft nur in einem kleinen, überraschten Lächeln, das über den Mund huscht und wieder verschwindet, in einem Aufblitzen der Augen, in einem Scherz, der den Ernst einer Situation ins Heitere verkehrt, in den tausend Kleinigkeiten, die jenes »je ne sais quoi« der Franzosen ausmachen, die ja auch das Wort Charme geprägt haben. Ja, man kann Charme kultivieren; bestimmt kann man das. Aber erlernen (ich bitte sehr um Verzeihung, wenn ich enttäuschen sollte!), erlernen kann man ihn nicht.

Der Charme ist des Eros liebstes Kind. Wobei zwischen Eros und Sex doch scharf unterschieden werden muß. Das eine bedingt nicht immer schon das andere. Eros ist der große Zauberer . . . und nur in seinem Gefolge gehen die Grazien.

Man sieht so aus, wie man sich fühlt!

Nicht jede Frau kann eine Schönheit sein, aber fast alle Frauen können schöner sein, als sie sind. Man muß nur schön sein *wollen.*

Ich kenne eine Frau, die – nicht nur ich sage das – bezaubernd schön ist. Das heißt, sie *war* schön, als sie noch heiter und lebensbejahend war. Damals entsprach sie genau dem Bild, das man sich gemeinhin von einer »strahlenden Schönheit« macht.

Es kamen schwere Jahre, Enttäuschungen und Sorgen, wie sie eben keinem erspart bleiben, und die einst so strahlende

Frau resignierte, wurde müde und verbittert. »Alles oder nichts« war eines ihrer Lieblingsworte, aber sie bedachte nicht, daß doch eigentlich alles »etwas« ist, Glück *und* Leid, Lachen *und* Weinen, Freude *und* Kummer. Man darf sich nur nicht unterkriegen lassen.

Schönheit ist von Selbstbewußtsein, Lebensfreude und Vitalität nicht zu trennen. Wer schön sein will, muß das Leben, ganz gleich, was es bringt, bejahen. Man wird nicht vom Leben enttäuscht, man enttäuscht das Leben. Oberstes Gebot aber ist der Glaube an sich selbst! Man muß felsenfest von sich selbst überzeugt sein, wenn man auch auf andere überzeugend wirken will.

Darum mein erster Rat: Lassen Sie sich nicht von Enttäuschungen entmutigen! Sie sind nun einmal unausbleiblich. An uns liegt es, dennoch nicht den Blick für das Gute und Schöne zu verlieren. Wer sich allzu leicht entmutigen läßt, kann nicht wirklich schön sein und wird auf andere niemals anziehend wirken. Es ist ja so wichtig, daß wir schön sein wollen!

Achten Sie auf Ihre Stimme!

Ein großer Reiz der Frau liegt in ihrer Stimme. Wir kennen genug kleine Histörchen, die uns erzählen, daß Männer sich in die Stimme einer Unbekannten so verliebten, daß sie alles daransetzten, die Frau mit der schönen Stimme kennenzulernen. Ja, es ist schon so, die Stimme hat Seele . . . Sie verrät viel von der Persönlichkeit des Menschen.

Es ist deshalb gar kein Wunder, wenn der Reiz einer schönen Stimme den Partner bezaubert. Und es ist auch nicht so, daß man nichts für seine Stimme tun könnte. Versuchen Sie doch einmal, Ihre Stimme zu modulieren, indem Sie einen Abschnitt aus einem Buch oder einer Zeitung laut vorlesen. Sie werden bald merken, wo Ihre Schwächen liegen, ob Sie zu leise oder zu laut, zu undeutlich oder zu forsch sprechen. Lesen Sie denselben Abschnitt immer wieder, so lange, bis Sie mit sich selbst zufrieden sind, und bemühen Sie sich dann, mit demselben Tonfall auch zu anderen zu sprechen.

»Immer nur lächeln . . .«?

Die asiatischen Völker sehen im Lächeln den Ausdruck einer inneren Haltung, der Klugheit und Geschicklichkeit, Menschen zu behandeln. Auch das »keep smiling« der Amerikaner drückt eine bestimmte Einstellung zum Leben aus. Jedoch darf das Lächeln niemals nur aus dem Verstand kommen, es soll vielmehr die ganze Skala der Empfindungen wiedergeben, ganz gleich, ob es nun aus der Nachgiebigkeit, der Zärtlichkeit oder aus einem liebenswürdigen Spott geboren wurde.

Denken wir nur an das Lächeln der Mona Lisa, dessen Geheimnis noch nach Jahrhunderten die Menschen fasziniert. Es spielt kaum merklich um ihre Mundwinkel. Man hat ein interessantes Experiment gemacht und bei Reproduktionen des Leonardo-Bildes die Mundwinkel der Mona Lisa um eben diese Millimeter retuschiert. Was übrigblieb, war das ziemlich alltägliche Gesicht einer Florentinerin.

Und wie ist es mit dem Lachen? Lachen ist eines der schönsten Geschenke der Natur. All unser Glück, unsere Freude, unsere Heiterkeit drückt es aus. Es verschönt, es verjüngt . . .

Aber wie verschieden kann es sein! Entsetzt wenden wir uns ab, wenn eine Frau im Weinrausch lacht, und ebenso abstoßend wirkt ein albernes Gekicher, wie es leider nicht nur Teenager an sich haben. Nur das Lachen, das aus heiterem Herzen kommt, ist das, was wirklich bezaubert!

Kleider machen Leute, aber . . .

Eine Frau mit Geschmack kennt sich, ihre Vorzüge und ihre Fehler gut genug, um zu wissen, was ihr steht und was nicht. Nicht der teuer und reichlich gefüllte Kleiderschrank macht eine Frau elegant, sondern die Wahl, die sie unter ihrer Garderobe trifft, wenn sie ausgeht. Das Kleid muß zu dem Anlaß und zu den Menschen passen, bei denen sie es trägt. Eine einzige verkehrte Kleinigkeit, etwa ein unpassendes Accessoire, und schon leidet der Gesamteindruck darunter. Als Faustregel gilt: Jede Einzelheit muß stimmen, von der Frisur bis zu den Schuhen.

Sollten Sie einmal feststellen, daß Sie für eine Einladung nicht das Richtige anzuziehen haben, dann haben Sie schlechte Vorsorge getroffen. Sie müssen Ihre Garderobe so zusammenstellen, daß Sie bei keinem Anlaß in Verlegenheit kommen können. Und wenn Sie im Zweifel sind, was Sie anziehen sollen, wählen Sie lieber das bescheidenere Kleid – vermeiden Sie unter allen Umständen, »overdressed« zu sein!

Schönheit muß erarbeitet werden!

Sie haben den festen Willen, nicht nur eine schöne Frau zu sein, sondern auch zu bleiben, dann ist es aber unerläßlich, daß Ihr Körper grazil ist und von lebendiger Frische! Beißen Sie also in den sauren Apfel und absolvieren Sie täglich 10 Minuten *Gymnastik*.

Übrigens werden Sie bald merken, daß diese täglichen Übungen gar kein saurer Apfel sind, Sie werden merken, daß Sie geschmeidig und leichtfüßig bleiben und daß Sie sich anmutiger bewegen. Ihr Körper wird bald nicht mehr lästiger Ballast, sondern ein Werkzeug Ihres Geistes sein, das Sie voll und ganz in Ihrer Hand haben.

Fangen Sie aber bitte langsam an. Wenn Ihr Körper bisher ungeübt und steif war, sollten Sie ihn nicht durch ein plötzliches Gymnastikprogramm überfordern. Ein bis zwei Übungen, jede fünf- oder sechsmal wiederholt, genügen zunächst vollauf.

Haben Sie einmal bemerkt, was Ihr Hund oder Ihre Katze tun, wenn sie aufwachen? Sie strecken und recken sich. Ich kann Ihnen nur raten, machen Sie dasselbe. Das ist schon die erste Übung für den Anfang: Machen Sie das Fenster weit auf, damit frische Luft herein kann, und wenn Sie keine Gegenüber haben, ziehen Sie sich nackt aus. Aber bitte auch hier vorsichtig sein. Wenn Sie sehr verwöhnt und anfällig sind, fangen Sie damit nicht gerade im Winter an, sondern gewöhnen Sie Ihren Körper langsam an die Morgenluft. Ich mache das jetzt schon seit vielen Jahren so, und bisher hat es mir noch nicht geschadet. Ganz im Gegenteil!

Einige Gymnastikübungen

1. Beine spreizen, den Rumpf recken, beugen und nach vorwärts, rückwärts und zur Seite drehen. Jedesmal eine kurze Pause machen, tief ein- und ausatmen. Und bitte alles mit Schwung und Schneid ausführen, Lässigkeit nützt gar nichts! Es soll ruhig in den Muskeln und Gelenken knacken!

Wenn Sie dann noch in drei Zeiten Ihren Bauch einziehen, soweit es irgend möglich ist, bis zehn zählen und ihn wieder in drei Zeiten entspannen, dann werden Sie nie einen schlaffen Bauch bekommen und Ihre Verdauung wird auch in

Ordnung sein. Diese Übung sollten Sie an die Morgengymnastik anhängen, möglichst dreimal hintereinander! Aber bitte nur auf leeren Magen. Es ist eine der wunderbaren Yogaübungen: Sie hilft wirklich und nachhaltig.

Nun noch ein paar weitere Übungen, die Sie abwechselnd in Ihr Programm aufnehmen können. Wechseln Sie oft ab, dann wird es Ihnen niemals langweilig, und Sie haben vor sich selbst die Gewähr, daß Sie niemals nachlässig werden.

2. Legen Sie sich flach auf den Boden, heben Sie die geschlossenen Beine hoch, immer höher, und legen Sie sie über den Kopf nach hinten. Nicht durchknicken, nicht umkippen! Mit den Fußspitzen den Boden berühren, leicht durchfedern! Wieder langsam in die Ausgangsstellung zurück.

3. Setzen Sie sich auf den Boden, die Beine dicht geschlossen. Mit den Fingerspitzen an die Zehen tippen. Wippen und federn, ein paarmal hintereinander.

4. Füße zusammen, Arme ausgestreckt, Handflächen nach oben. Jetzt mit den Armen kreisen, erst langsam, dann schneller. Dann versuchen, immer größere Kreise zu machen. Wieder langsamer werden, dabei den Körper strecken.
Haben Sie das geschafft, dann fangen Sie nach vierzehn Tag mit den schwereren Übungen an, wie ich sie Ihnen jetzt zeige.

5. Füße zusammen, Arme gerade nach vorn heben, nun nach hinten durchschwingen, kräftig und mit Schwung, so weit es eben geht.

6. Beine leicht spreizen, Arme in die Hüften stemmen. Nun in den Hüften kreisen, zuerst von rechts nach links, dann umgekehrt.

7. Hände in die Hüften und dann mit gestreckten Beinen Kniebeugen machen, soweit Sie hinunterkommen. Diese an

sich so einfache Übung fällt anfangs besonders schwer. Aber nicht den Mut verlieren! Auch das werden Sie schaffen.

8. Nun nehmen Sie einen Stuhl. Treten Sie zuerst mit dem rechten Fuß darauf und steigen Sie dann ganz hinauf. Dann mit dem linken zuerst. Sie glauben nicht, wie diese Übung Ihren Waden gut tut!

9. Arme hoch über den Kopf heben, Beine leicht spreizen. Nun mit den Armen hinunterwippen, bis die Fingerspitzen den Boden berühren. Aber bitte möglichst mit gestreckten Knien! Zuerst werden Sie nicht bis an den Boden kommen, aber nach einiger Zeit, wenn Ihr Körper geschmeidiger geworden ist, wird Ihnen auch das spielend gelingen.

10. Sie fassen mit beiden Händen rechts und links die Stuhllehne an. Dann beugen Sie die Arme, bis Sie mit dem Unterleib den Stuhl berühren. Diese Pumpübung führen Sie zehnmal hintereinander aus.

11. Nehmen Sie in jede Hand eine Bürste und machen Sie dann zweihundert Doppelstriche durch ihr Haar, in allen Himmelsrichtungen. Diese hervorragende Arm- und Brustübung kommt zusätzlich noch Ihrem Haar zugute.

12. Wenn Sie irgendwo, am besten im Wald, unbeobachtet spazierengehen, dann machen Sie möglichst große Schritte und beschleunigen Sie Ihr Tempo. Atmen Sie dabei tief ein. So wird fast jedes Organ in Bewegung gesetzt und doppelt gut durchblutet.

Diese Grundanleitung zur Gymnastik wird, auch wenn Sie täglich nur eine Viertelstunde Gebrauch davon machen, Ihren Körper jung und geschmeidig erhalten. Vor steifen Gelenken brauchen Sie dann keine Angst mehr zu haben. Aber denken Sie auch wirklich daran, daß in Ihrem Tagesablauf (mit Ausnahme von höchstens drei Tagen im Monat) eine Viertelstunde Ihrem Körper gehört.

Hallo, Ihr Gewicht!

Zweifellos gehört eine gute Figur zu den wichtigsten Voraussetzungen für die Schönheit einer Frau. Die Harmonie der Linien darf nicht durch eine unerwünschte Fettbildung gestört werden. Im allgemeinen lassen wir Frauen uns in drei Kategorien aufteilen: Solche, die zu schlank sind und gerne voller werden möchten, solche, die zu korpulent sind und gerne schlanker werden möchten, und schließlich solche, die gerade die richtige Figur haben und sie sich auch erhalten möchten. So heißt es denn, den richtigen Küchenzettel zu finden, der vorhandene Fehler ausgleichen kann.

Für die, die zu korpulent sind, gibt es ein wunderbares »4-Tage-Programm«, das der bekannte amerikanische Psychoanalytiker Terry Hunt unter dem Namen »Hollywood-Kur« zusammengestellt hat.

Hollywood-Kur

1. Tag:	Mittagessen:	Ein mageres, gegrilltes Steak, dazu Kopfsalat mit Tomaten, Chicoree oder Sellerie, ein roher Apfel.
	Abendessen:	Zwei weich- oder hartgekochte Eier, Schnittbohnen (eine mittlere Portion), eine halbe Grapefruit.
2. Tag:	Mittagessen:	Ein großes Glas Tomatensaft, ein gebratenes Hammelkotelett (mager), Kopfsalat.
	Abendessen:	Eine mittlere Portion Spinat, Schnittbohnen, Blumenkohl, warmes Apfelmus.

3. Tag: Mittagessen: Kopfsalat mit Tomaten, Chicoree, Sellerie oder Kresse, ein mittleres Stück kaltes Roastbeef, ein roher Apfel.

Abendessen: Magerquark mit Schnittlauch und Zwiebeln, eine Scheibe Knäckebrot, zwei rohe Tomaten, ein Apfel.

4. Tag: Mittagessen: Heißer Tomatensaft, zwei Rühreier (Rühreier in einer heißen Pfanne ohne Fett zubereitet), Schnittbohnen.

Abendessen: Gegrilltes Steak, Kopfsalat, Ananas (frisch oder konserviert).

Das Frühstück ist jeden Morgen dasselbe. Nach dem Aufstehen ein großes Glas Wasser. Später eine Tasse schwarzen Kaffee oder Tee oder ein großes Glas Grapefruit-Saft.

Allen Frauen, die abnehmen wollen, würde ich außerdem die Gayelord-Hauser-Diät empfehlen.

Gayelord Hauser, dessen Name weltbekannt geworden ist, empfiehlt die Ein-Pfund-pro-Tag-Abmagerungskur. Zunächst aber müssen Sie fünf üble Gewohnheiten für immer ablegen:
Die Gewohnheit des Naschens;
Die Gewohnheit, Brot zu den Mahlzeiten zu essen;
Die Gewohnheit, Zucker und Sahne zu nehmen;
Die Gewohnheit, Ihr Gemüse zu zerkochen; und
Die Gewohnheit, sich zu bemitleiden.

Bei der Schlankheitsdiät verwendet Hauser vor allem stark eiweißhaltige Nahrungsmittel, denn sie sättigen am meisten. Die Kur dauert 10 Tage.

Hier sind die Menüs, die dazu verhelfen sollen, in 10 Tagen um 10 Pfund leichter zu werden.

Gayelord-Hauser-Diät

1. Tag:	Frühstück:	Eine halbe Grapefruit, schwarzer oder Milchkaffee zur Stärkung, eine Lebertrankapsel, eine Tablette Ascorbinsäure, eine Kapsel Weizenkeimöl und Mineralsalztabletten, die Kalzium, Phosphor, Eisen und Jod enthalten.
	Mittagessen:	Zwei hartgekochte Eier mit einer halben Tasse Buttermilch oder Mineralwasser.
	Abendessen:	Zwei Hackbeefsteaks (mit wenig Fett), ein halber Salatkopf, eine frische Grapefruit, Buttermilch.
	Schlummertrunk:	Ein Glas Buttermilch oder Tomatensaft oder ein Glas fettfreien Joghurt. Kontrollieren Sie Ihre Vitamine und Mineralsalze!
2. Tag:	Frühstück:	Wie vorher.
	Mittagessen:	Vier Eßlöffel Quark mit gehackten Karotten, eine Schnitte Roggenbrottoast, Magermilch, Mineralwasser oder Kräutertee.
	Abendessen:	Ein halbes, gegrilltes Hähnchen, eine halbe Tasse Spinat, grüner Salat, ein gebratener Apfel.
	Schlummertrunk:	Heiße oder kalte Magermilch.
3. Tag:	Frühstück:	Wie vorher.
	Mittagessen:	Zwei Rühreier, eine Schnitte Roggenbrottoast, eine große Tomatenscheibe, Magermilch oder Mineralwasser.

	Abendessen:	Ein mageres Steak, Salatschale, eine frische Grapefruit, Magermilch.
	Schlummertrunk:	Heißes oder kaltes Honigwasser.
4. Tag:	Frühstück:	Wie vorher.
	Mittagessen:	Ein gegrilltes Steak, Brunnenkresse oder Kopfsalat, ein Knäckebrot, Mineralwasser oder Kräutertee.
	Abendessen:	Gegrillter, magerer Fisch, eine halbe Tasse gedämpfte Tomaten, Krautsalat, ein gebratener Apfel, Buttermilch.
	Schlummertrunk:	Ein Glas Tomatensaft.
5. Tag:	Frühstück:	Wie vorher.
	Mittagessen:	Zwei hartgekochte Eier in einer halben Tasse Spinat, Apfelmus, Mineralwasser.
	Abendessen:	Lendenbraten oder ein mageres Steak, eine halbe Tasse Blumenkohl, eine halbe Tasse Fruchtsalat ohne Zucker.
	Schlummertrunk:	Wie vorher.
6. Tag:	Frühstück	Wie vorher.
	Mittagessen:	Eine Scheibe Käse auf Roggenbrottoast, Apfelmus, Buttermilch oder Mineralwasser.
	Abendessen:	Zwei Scheiben gegrillte Leber, eine halbe Tasse Blumenkohl, Grapefruit.
	Schlummertrunk:	Wie vorher.

7. Tag:	Frühstück:	Wie vorher.
	Mittagessen:	Ein halbes, gegrilltes Hähnchen, eine halbe Tasse Stangenbohnen, eine halbe Tasse Fruchtsalat. Mineralwasser oder Kräutertee.
	Abendessen:	Zwei gehackte, hartgekochte Eier mit gehacktem Selleriesalat, eine Schnitte Roggenbrottoast, Buttermilch.
	Schlummertrunk:	Wie vorher.
8. Tag:	Frühstück:	Wie vorher.
	Mittagessen:	Ein großes Hackbeefsteak auf Roggentoast, Orangenschnitten, Buttermilch oder Mineralwasser.
	Abendessen:	Zwei Scheiben gedämpftes Fleisch, eine halbe Tasse Karotten, eine frische Grapefruit, Mineralwasser oder Kräutertee.
	Schlummertrunk:	Wie vorher.
9. Tag:	Frühstück:	Wie vorher.
	Mittagessen:	Waldorf-Salat mit einer Handvoll Nüsse, ein Knäckebrot, Buttermilch oder Mineralwasser.
	Abendessen:	Magerer Fisch, gedämpfte Tomaten, Gurkensalat, ein gebratener Apfel oder Kräutertee.
	Schlummertrunk:	Wie vorher.

10. Tag:	Frühstück:	Wie vorher.
	Mittagessen:	Kaltes Rind- oder Lammfleisch, ein halber Salatkopf, Apfelmus, Mineralwasser.
	Abendessen:	Champignonomelette, Tomatensalat, eine halbe Tasse Beeren.
	Schlummertrunk:	Wie vorher oder Mineralwasser.

Und hier noch ein paar weitere Vorschläge für *Diätkuren:*

Milch-Obst-Diättag

Frühstück:	Ein Glas magere Buttermilch.
10–11 Uhr:	Ein Glas magere Buttermilch.
Mittagessen:	Obst.
16–17 Uhr:	Ein kleineres Glas magere Buttermilch.
Abendessen:	Ein großer Apfel.

Kartoffel-Diät

Frühstück:	3–4 Pellkartoffeln ohne Salz und Butter.
Mittagessen:	2–3 Kartoffelpuffer. Die Pfanne mit einer rohen Zwiebel statt mit Fett ausreiben, nicht zu stark erhitzen, langsam backen.
Abendessen:	Zwei rohe, geschälte Kartoffeln reiben und in einen Viertelliter kochendes Wasser einrühren, trinken.

Grüne-Bohnen-Diät

Ein Pfund grüne Bohnen, mit Bohnenkraut, aber ohne Salz weichkochen. Nicht viel Wasser nehmen. Es sollen insgesamt drei Glas Flüssigkeit übrigbleiben, die im Laufe des Tages, zwischen den Mahlzeiten, getrunken werden. Zu den Mahlzeiten werden nur die abgekochten Bohnen gegessen, ohne Salz- oder Butterzugabe.

Schlankheitskur mit Sauerkraut

Rohes Sauerkraut ist ein Wundernahrungsmittel. Es ist durch den säuernden Gärungsprozeß fast vorverdaut und wird auch von magenempfindlichen Personen gut vertragen. Dagegen sind alle Kohlarten in gekochtem Zustand schwer verdaulich und wirken blähend.

Dreimal täglich zwei Eßlöffel rohes Sauerkraut bekämpfen alle Zersetzungsvorgänge im Darm.

Als Schlankheitskur trinke man mehrmals täglich in kleinen Schlucken ein kleines Glas Sauerkrautsaft. Man hat dann weder Hunger noch Durst und kann dabei bis zu einem Kilo Gewicht verlieren.

Keine Gewaltkuren!

Begnügen Sie sich damit, nach und nach ein paar Pfund leichter zu werden und erwarten Sie nicht, in vier oder fünf Tagen schon Ihr gesamtes Fettpolster loszuwerden. Vergessen Sie nicht, daß auch Ihr Gesicht Fett angesetzt hat. Bei einer forcierten Abmagerungskur verschwindet auch dieses Fett, ohne daß sich jedoch die Haut so plötzlich dieser Formveränderung anpassen könnte. Ein Unzahl Falten, die Sie bedeutend älter erscheinen lassen, sind dann die Folge. Außerdem ist mit einer plötzlichen Gewichtsabnahme auch ein Verlust an Energie und Vitalität verbunden. Zwingen Sie sich also nicht zum Hungern, bis Ihnen tatsächlich jegliches Verlangen nach Nahrung vergeht, denn das ist bereits eine ernste Krankheitserscheinung.

Begnügen Sie sich damit, zunächst einmal ein bis zwei Pfund abzunehmen. Nicht jeder kann nach strengen Vorschriften oder nach genau vorgeschriebenen Rezepten leben. Manchem fehlt die Zeit dazu, vielen auch die Lust. Überwinden Sie durch etwas Selbstsuggestion die erste Hürde.

Stellen Sie sich einmal vor, Sie hätten plötzlich alle Ihre Zähne verloren und könnten deshalb nichts mehr kauen. Was bleibt Ihnen übrig? Sie müßten flüssige Nahrung zu sich nehmen. Natürlich nicht Kaffee oder Tee. Genießen Sie die vielen wunderwirkenden Obstsäfte. Sie werden sich gesünder und schon nach wenigen Tagen frischer fühlen und – auch wenn Sie es nicht glauben, der Spiegel und die Waage werden es Ihnen bestätigen – Sie werden noch schöner sein.

Eines aber müssen Sie sich immer vor Augen halten: Wer ißt, muß auch gut und regelmäßig verdauen. Bitte, achten Sie ganz besonders darauf. Ihre Gesundheit und die Frische Ihrer Haut sind davon abhängig. Glauben Sie mir!

Darf ich Ihnen nun ein paar Ratschläge für eine vernünftige Ernährung geben? Wenn Sie Appetit auf Fleisch haben, so bleiben Sie bei Fleisch und verzichten Sie dafür auf Kartoffeln, Nudeln, Klöße und alle anderen Arten von Teig- und Mehlwaren. Gelüstet Sie aber nach Teigwaren, dann verzichten Sie bitte auf Fleischspeisen.

Und immer wieder Gemüse, Gemüse! Möglichst nicht kochen, sondern nur brühen oder dünsten. Am allerbesten aber roh, geschabt oder gerieben essen. Und vergessen Sie mir nicht das Obst, vor allem die Äpfel!

Bei Rohkostsalaten muß die Qualität des verwendeten Gemüses oder Obstes sorgfältig überprüft werden. Verwenden Sie nur Obstessig oder Zitrone. Frische Kräuter geben den Salaten immer wieder einen neuen Geschmack.

Und nun noch einige Rezepte für *Salatsoßen, Rohkostplatten und belebende Getränke:*

1. Zwei Eßlöffel pflanzliches Öl mit dem Saft einer Zitrone, einem Teelöffel Kräuter, etwas geriebener Zwiebel oder Knoblauch und einer Prise Zucker und Salz gut verrühren. Anstelle von Öl kann man auch saure Sahne nehmen.

2. Ein Eigelb, Essig oder Zitrone, zwei Eßlöffel Öl, einen Eßlöffel Rahm, etwas Salz, eine Prise Zucker und einen halben Teelöffel rohen, geriebenen Meerrettich gut verrühren.

3. Die eben genannte Soße mit einem Teelöffel Tomatenmark oder einem Teelöffel voll Kräuter vermischen.

4. Gehobeltes Kraut, Mohrrüben, Sellerie, Gurken und Kresse mit hartgekochten Eiern garnieren.

5. Blumenkohl, Sellerie, Kraut und Karotten mit Radieschen garnieren.

6. Rote Beete, fein geschabt, mit saurem Rahm, Zitrone und Salz verrühren.

7. Drei bis vier Karotten raspeln, einen Apfel reiben oder raspeln, eine Banane kleinschneiden. Alles mit saurer Sahne, etwas Meersalz und kleingewiegter Petersilie verrühren und den Saft einer Zitrone oder Obstessig, etwas Zucker und Rosinen beigeben.

8. Eine Sellerieknolle und einen Apfel gut waschen, schälen und fein raspeln. Zitrone oder Essig zugeben und mit etwas Salz, Zucker, Walnüssen und Joghurt verrühren.

9. Ein Likörglas frischen Rettichsaft, zwei Teelöffel Honig und vier bis sechs Eßlöffel Buttermilch verquirlen, langsam trinken.

10. Einen Becher Joghurt mit einem Teelöffel Honig, einem Teelöffel Leinsamen und dem Saft einer halben Zitrone verrühren. Das belebt die Darmtätigkeit.

11. Ein Eigelb und zwei Teelöffel Honig in einem Glas Milch verrühren und heiß, warm oder kalt trinken. Das sättigt, belebt, erfrischt und – stärkt!

Ja, es wird Zeit, daß wir uns bemühen, nicht nur mit Kultur zu essen, sondern auch beginnen, uns ein Wissen darüber an-

zueignen, was wir zu uns nehmen sollten und womit wir unseren Körper versorgen und aufbauen können.
Denn: Der Mensch ist, was er ißt!

Allzu gesund ist auch ungesund!

Eine Freundin von mir geriet vor Jahren in die Hände eines Gesundheitsapostels, der mit einer neuen Kost das Heil der Welt heraufbeschwören wollte. Da meine Freundin eine sehr energische Frau ist und alles, was sie tut, ganz tut, verzichtete sie ab sofort auf alle Stimulantien. Sie trank keinen Wein, kein Bier, keinen Tee und keinen Bohnenkaffee mehr, aß kein Fleisch, rauchte keine Zigaretten, ernährte sich von rohem und gekochtem Obst und trank nur Fruchtsäfte. Von heute auf morgen lebte sie nur noch (so glaubte sie jedenfalls) für ihre Gesundheit.

Plötzlich bekam sie heftige Magenbeschwerden. Ihr Arzt untersuchte sie und überwies sie schließlich an einen berühmten Internisten. Stolz saß meine Freundin vor dem Professor und hoffte, wegen ihres Gesundheitsfanatismus gelobt zu werden.

»Herr Professor«, sagte sie, »ich lebe ganz für meine Gesundheit! Ich rauche nicht, ich trinke nicht, ich esse kein Fleisch . . .«

Der Internist nickte und schwieg. Er untersuchte sie gründlich und sagte dann mit großer Bestimmtheit: »Ihnen fehlt gar nichts, meine Liebe! Aber Sie haben vor lauter Diät und Abstinenz eine Magenverkrampfung bekommen. So etwas ist schädlich. Während ich anderen Patienten sagen muß, nehmen Sie sich zusammen, muß ich Ihnen sagen, lassen Sie sich gehen! Wenn Sie also Lust auf ein Steak haben, dann essen Sie eines; wenn Sie Appetit auf ein Glas Wein oder eine Zigarette verspüren, dann rauchen Sie und trinken Sie Ihren Wein! Freilich alles mäßig, aber befreien Sie sich von allem inneren Zwang und aller Verkrampfung!«

Man sollte wirklich eine Schule aufmachen, in der das wahre »Genießen« gelehrt wird, jene dionysische Heiterkeit, die zur Schönheit nun einmal dazugehört. In dieser Schule müßte man vor allem lernen, daß Mäßigkeit neben der Freiheit des Genusses durchaus bestehen kann. Maßhalten ist das Geheimnis der Lebenskunst.

Ich hatte einen reizenden Freund – ein alter Herr, der mir dann und wann gute Ratschläge gab und an dessen Schulter ich mich gelegentlich ausweinen konnte ... Und wenn ich einmal Ärger in der Liebe hatte (auch bei den erfolgreichsten Frauen soll so etwas manchmal vorkommen!), dann sagte er mir kurz und bündig: »Olinka, ich bitte dich, keine Aperçus über Liebe, keine Szenen, keinen Krawall ... Füttere die Bestie! Aber füttere sie mit Verstand, Grazie und Charme, nach allen Regeln der Kunst. In zwei Tagen – ich wette mit dir um ...«.

Mein alter Freund hatte stets nach zwei Tagen sein Markstück gewonnen ...

Ich gebe Ihnen also die Rezepte meines alten Freundes weiter, denn bei ihm ging die Liebe wirklich durch den Magen!

Einige Kochrezepte

1. Wenn ich abgespannt bin und schnell wieder munter werden möchte, drücke ich den Saft von zwei Zitronen aus, gebe einen Teelöffel Honig hinzu und rühre das Ganze gut um, bevor ich es trinke.

2. Wenn ich überraschend Besuch bekomme, gebe ich in einen

Mixer sechs Eier, einen Viertelliter süßen Rahm, eine Messerspitze Salz, zwei Eßlöffel Zucker, die abgeriebene Schale einer Zitrone und dazu noch ein Gläschen Kirschwasser. Diese ganze Masse lasse ich in Sekundenschnelle durchquirlen und mache Rührei davon. Meinen Gästen sage ich mit meinem süßesten Lächeln: »Diese Eier heißen *Grand Amour.*«

3. Zwei gehäufte Eßlöffel grobkörnigen, roten Lachskaviar, einen geriebenen Apfel und einige Teelöffel Zitronensaft in einer Tasse ungesüßter Schlagsahne verrühren, dazu zwei Scheiben Toast. Das regt an, daher auch der klingende Name *»Creme Erotique«.*

4. Sellerieknollen kochen und zu einem Püree verarbeiten, das mit Sahne angemacht ist. Alles mit weichgekochten, geschälten Eiern belegen und mit einer braunen Soße, die mit Worcester-Soße gewürzt ist, übergießen.

5. Eine Pfanne auf das Feuer stellen und eine kräftige Portion Öl erwärmen. Ein Omelett leicht anbraten, so daß die Oberseite weich bleibt, einschlagen und auf eine Schüssel legen. Mit dem Löffel der Breite nach Einschnitte machen, Puderzucker darüberstreuen und mit zwei Eßlöffeln Curaçao und zwei Eßlöffeln Kognak übergießen. (Die angegebene Menge Kognak und Curaçao entspricht der Menge von sechs Eiern.) Das Ganze dann flambieren.

6. Sechs Eier mit einem Eßlöffel Sherry vermischen und zwei Löffel Tomatenmark darunterrühren, salzen und pfeffern. Öl in einer Pfanne erwärmen und dazugeben. Umrühren, damit nichts anbrennt. Sobald die Masse dick wird, in eine Schüssel geben und in Butter geschmorte Brotkrusten und die feingewiegte Schale einer halben Orange darüberstreuen.

7. *Hummer à la Aphrodite:* Einen mittelgroßen Hummer in acht Stücke schneiden und jede Seite einige Minuten in sehr heißes Öl legen. Ein Glas Kognak oder Whisky darübergie-

ßen und die alkoholgetränkten Hummerstücke abbrennen. In einer anderen Pfanne drei mittelgroße Tomaten dünsten und mit einer halben Tasse Bouillon, etwas Safran, gehackten Pfefferschoten, Salz und Pfeffer zum Hummer geben. Alles zusammen eine Stunde lang leicht kochen lassen.

8. Eine Sellerieknolle schälen, waschen und fein reiben. Sofort mit Zitrone beträufeln und eine Prise Zucker und Salz dazugeben. Man kann auch einige Stückchen Ananas und Joghurt beigeben.

Und nun ein paar *russische Spezialitäten:*

9. Eine halbe rote Beete, eine große Karotte, eine halbe Selleriewurzel und eine Kartoffel schälen, in kleine Würfel schneiden, kochen und in einer größeren Schüssel bereitstellen. Eine kleine Zwiebel kleinhacken, eine oder zwei Tomaten brühen, enthäuten und kleinschneiden, eine saure Gurke und ein Stück grüne Gurke gleichfalls schneiden und alles in die Schüssel geben. Mit etwas Zucker, Salz, Pfeffer, viel saurem Rahm und einem Schuß Obstessig würzen. Das Ganze heißt: *Vinaigrette-Salat-Russe.*

10. Ein Ei, Wasser, Mehl und Salz zu einem Teig verkneten, so dünn wie möglich ausrollen und runde oder viereckige Plätzchen ausstechen. Inzwischen ein Hackfleischgemisch, zu dem etwas kleingehackte und leicht angebratene Zwiebeln, Salz, Pfeffer und ein Ei gehören, zubereiten. Auf jedem Plätzchen die Füllung mit einem Teelöffel gut verteilen und an den Rändern zudrücken.

Dies ist eine sibirische Ravioli-Art und heißt *Pelmeni.* Die Pelmeni werden genauso wie Knödel in kochendem Wasser, mit Beigabe von Fleischbrühwürfeln, leicht aufgekocht. Beim Servieren gibt man dazu etwas sauren Rahm oder ausgelassene Butter. Es ist zu empfehlen, Pelmeni auf Vorrat zu kochen, einzufrieren und, wenn man gerade keine Lust zum Kochen hat, schnell nach dem Vorrat zu greifen.

11. Weißkraut fein hobeln, zwei bis drei Zwiebeln fein schneiden, drei hartgekochte Eier zerkleinern, mit Pfeffer, Salz und etwas Zucker mischen und kurz weichdünsten. Auf einem Sieb abkühlen lassen, damit die Masse nicht zu flüssig ist. Blätterteig dünn ausrollen, auf ein Kuchenblech legen und das Kraut zweifingerdick darauf verteilen. Den Rest des Teiges ausgerollt darüberlegen und an den Rändern zudrücken. Mit einem verquirlten Ei bestreichen und bei schwacher Ofenhitze bräunen lassen. Dazu wird klare Bouillon getrunken. Ein russisches Nationalessen – *Piroggen!*

12. *Bittki-Russe.* 250 g Kalbfleisch und 250 g mageres Schweinefleisch durch den Fleischwolf drehen und eine in Milch eingeweichte Semmel, etwas Majoran, Salz, Pfeffer und zwei Eigelb dazugeben. Ein Eiweiß zu Schaum schlagen und der Masse beimischen. Kleine Knödel formen, mit feinen Semmelbröseln panieren, anbraten und in eine feuerfeste Form legen. Einen halben Liter saure Sahne darübergießen und kurz aufkochen lassen. Dazu grünen Salat servieren.

13. *Pilaw Kaukasisch.* Reis fünfzehn Minuten kochen lassen, dann kalt abgießen. Etwas Öl oder Butter mit dem Reis auf einer warmen Platte dünsten lassen. Mageres Hammelfleisch in Würfel schneiden, gut anbraten, mit Curry und Salz würzen, eine Handvoll Rosinen gut waschen und alles mit dem Reis vermischen. Man kann auch etwas Tomatenmark dazugeben.

14. Fisch, gleich welcher Art, waschen, mit Zitrone beträufeln und auf ein Stück Alufolie legen. Darüber etwas gehobelte Sellerie, Zwiebel, Knoblauch und zwei oder drei enthäutete Tomaten legen. Etwas Curry, Salz und sauren Rahm

darübergießen und dann die Folie schließen. Zwanzig Minuten im Backofen garwerden lassen. Dazu grünen Salat servieren.

15. Einen Hecht mit Speckstreifen belegen, säuern, salzen, pfeffern, in eine Pfanne legen, mit viel saurer Sahne begießen und zudecken. Dann eine halbe Stunde lang im Rohr dünsten.

16. Ein Huhn waschen und mit Rosmarin einreiben. Vom Hals aus die Haut anheben und kleine dünne Scheiben Champignons und einige Stückchen Speck hineinschieben. Das Ganze mit Öl bestreichen und eine Dreiviertelstunde lang im Backofen braten lassen.

17. Ein halbes Huhn, ein halbes Pfund mageres Suppenfleisch, eine Knoblauchzehe, eine Zwiebel, eine Karotte, eine Petersilienwurzel und ein Stückchen Sellerie putzen, zerkleinert in einen Topf geben und alles mit Wasser bedecken. Auf einer kleinen Flamme eine Stunde lang ziehen lassen. 200 g Salami in Stückchen schneiden und kurz mitkochen lassen. Beim Servieren wird das Fleisch kleingeschnitten und mit ein bis zwei Glas Sherry oder Madeira übergossen.

18. Eine Ente in mehrere kleine Stücke schneiden, in heißem Öl kurz anbraten und mit ein bis zwei Glas Rotwein auf kleiner Flamme dünsten lassen. Kurz bevor das Fleisch gar ist, 200 g geschnittene Champignons dazugeben und mit Estragon, Salz und chinesischem Gewürz würzen.

19. Einen gekochten Blumenkohl und drei in Milch eingeweichte Semmeln durch den Fleischwolf drehen, drei Eigelb, etwas Salz, Zucker, Estragon oder Oregano und zwei geschlagene Eiweiß darunterrühren und das Ganze in eine gefettete Backform geben. Die Masse mit Semmelbröseln und Butterflöckchen bestreuen und im Backofen überbacken. Dazu eine Fleischsoße servieren.

20. Spinat gut waschen und in Salzwasser nur einmal kurz aufkochen lassen. Durch ein Sieb das Wasser vollständig abfließen lassen. Mit einem Küchenmesser die Blätter kleinhakken. Dazu gibt man etwas Muskat und Pfeffer und etwas frische Butter.

21. Lauch auf Feinschmeckerart. Zwei Pfund Lauch von den härteren, grünen Teilen befreien, putzen und gründlich waschen. In schwach gesalzenem Wasser fast gardünsten, durchsieben, abtropfen lassen, in etwa fingerlange Stücke schneiden und in eine gebutterte Auflaufform schichten. Alles mit Muskatnuß und reichlich geriebenem Käse überstreuen. Ein Achtelliter mit einem Eigelb und Kräutersalz verquirlte saure Sahne darübergießen und bei Mittelhitze überbacken.

22. Granat-Brot. Eine große Scheibe deftiges Bauernbrot gut mit Butter oder Margarine bestreichen und möglichst viel Granat (Nordseekrabben) daraufhäufen. Ein Spiegelei daraufsetzen.

23. Emder Matjes. Matjes-Filets einige Stunden in dem Extrakt von kaltem schwarzem Tee liegenlassen. Abtropfen lassen. Dazu zwei Pfund grüne Bohnen mit wenig Wasser und Bohnenkraut und ungeschälte Kartoffeln mit etwas Salz und einem halben Teelöffel Kümmel kochen. Mit ausgelassenem Speck oder flüssiger Butter übergießen.

Atme Dich gesund!

Wenn Sie über Krampfadern klagen, Kreislaufstörungen haben und oft an heftigen Kopfschmerzen leiden, und es sagt Ihnen jemand ganz ernsthaft: »Atme richtig, und du wirst gesund!«, werden Sie Ihren Ratgeber wahrscheinlich nur mitleidig ansehen. Bitte tun Sie das nicht!

Schon im alten Rom bekamen die Krieger vor Beginn der Schlacht den Rat: »Nimm einen tiefen Atemzug, und du wirst siegen!«

Auch ich bekam übrigens einmal den gleichen Rat wie diese römischen Krieger. Ich habe mich stets danach gerichtet und muß gestehen: die Zahl meiner Siege ist wesentlich größer als die meiner Niederlagen.

Es ist leider wirklich so, daß von hundert Menschen neunzig falsch atmen! Warum kennen die Sänger kaum hohen Blutdruck und warum sterben sie seltener an Arterienverkalkung? Nur wer richtig atmet, kann singen, aber wer richtig atmet, wird auch diese Leiden kaum kennenlernen.

Was heißt richtig atmen?

Betrachten Sie einmal ein Kind, das schnell gelaufen ist – wie sein Atem in heftigen Stößen über den ganzen Körper jagt, und beobachten Sie einmal sich selbst, wenn Sie z. B. eine hohe Treppe hinaufgestiegen sind. Merken Sie nun, wie armselig das Atmen der meisten Erwachsenen im Verhältnis zu dem des Kindes ist? Wir haben es verlernt, mit dem ganzen Körper zu atmen!

Der Hauptmotor der Atmung ist das Zwerchfell, jene flache, nach oben gewölbte Muskelklappe, die den Brustraum vom Bauch trennt. Die reine Brustatmung weitet zwar den Brustkorb und ermöglicht es, daß sich unsere Lungen mit frischer Luft anfüllen können, aber diese Erweiterung wird viel nachhaltiger, wenn das Zwerchfell mit in die Atmungsbewegung einbezogen wird. Das kann aber nur dann geschehen, wenn der Bauch dabei nachgibt. Verhindern Sie dieses Nachgeben, indem Sie den Bauch bewußt oder unbewußt einziehen oder ihn mit einem zu straffen Kleidungsstück einengen, so unterbinden Sie die volle Atmungsbewegung und legen den Grundstein für eine ganze Reihe von Leiden. Eine Behinderung der Bauchatmung kann eine Erschwerung der Herzarbeit, schlechtere Durchblutung der Bauchorgane, Störung des Blutkreislaufes in den Beinen, Krampfaderbildung, hohen Blutdruck und auch eine schlechtere Funktion der Hormondrüsen zur Folge haben. Achten Sie also bitte darauf: richtig atmen heißt nicht, mit einer kleinen Bewegung des Brustkorbes nach Luft schnappen, sondern den Bauch zu entspannen und tief einzuatmen, wobei Sie richtig spüren müssen, wie sich die Bauchdecke hebt. Nur so können Sie einen ergiebigen Sauerstoffaustausch in Ihrem Körper erreichen und wirken dadurch im höchsten Maße regulierend auf alle Lebensvorgänge ein.

Und jetzt gehen Sie bitte schnell ans Fenster, lassen Sie frische Luft herein und lösen Sie alles, was Ihren Körper beengt. Holen Sie durch die Nase viel Luft und blasen Sie mit leicht gespitzten Lippen die verbrauchte Luft kräftig wieder aus. Noch mehr, bis zum letzten Rest! Dann atmen Sie wieder durch die Nase tief die frische Luft ein. Mehr noch, genießen Sie! Und langsam, ganz langsam mit gespitzten Lippen wieder ausatmen. Das war mühevoll, aber richtig! Jetzt schalten Sie eine kleine Ruhepause ein, und dann wiederholen Sie die Atemübungen sechs- bis achtmal, wenigstens dreimal täglich.

Diese Atemübung ist der richtige Weg zur Heilatmung. Viele Unannehmlichkeiten können Sie einfach wegatmen! Nervös, abgespannt, schon wieder diese ekelhaften Kopfschmerzen? Das kommt doch alles nur daher, daß Sie Ihrem Körper und insbesondere Ihrem Kopf zu wenig Sauerstoff zugeführt haben. Und mit richtigem Atmen soll das besser werden, fragen Sie nun ungläubig? Sie werden überrascht sein: Nicht nur Spannungs- und Schmerzzustände im Kopf, sondern alle durch Gefäßverkrampfungen bedingten Krankheiten werden durch systematische Heilatmung gebessert und oft sogar ganz geheilt. Viele Frauen haben durch richtiges Atmen sogar ihre Wechseljahrsbeschwerden verloren. Besonders möchte ich Sie noch darauf aufmerksam machen, daß eine welke Gesichtshaut durch systematische Atemübungen wieder gestrafft werden kann und die Blässe bald einer gesunden Röte weicht. Bedenken Sie, daß auch die beste Diät und die beste Massage nur dann helfen können, wenn die aufgenommenen Wirkstoffe durch einen gesunden Blutkreislauf dorthin gebracht werden, wo sie notwendig sind, um auf das Hautgewebe erneuernd einzuwirken.

Seien Sie überzeugt: Richtig atmen heißt gesünder und schöner werden, richtig atmen heißt länger leben!

Wie schlafen Sie?

Die Alten haben den Schlaf den Bruder des Todes genannt; ich möchte diesen Ausspruch abwandeln und den Schlaf den Vater der Schönheit nennen. Der Schlaf gibt dem Körper jene Zeitspanne, in der er ausruhen und neue Kraftreserven sammeln kann. Im Schlaf entschlackt sich der Körper, alte Zellen werden abgestoßen und das Gewebe erneuert.

Versuchen Sie aber ohne Schlafmittel auszukommen! Die erste Tablette zieht die nächste nach sich, und schließlich geht es nicht mehr ohne sie. Vor allem sollten Sie aber daran denken, daß diese Chemikalien doch auch wieder aus dem Körper ausgeschieden werden müssen, und daß allmählich die Haut verraten wird, wie abhängig man von solchen Mitteln ist.

Nehmen Sie, wenn Sie unter Schlaflosigkeit leiden, vor dem Einschlafen einen Eßlöffel Honig oder ein Glas heißes Wasser mit einem Eßlöffel Honig, oder aber zwei Eßlöffel einer gleichen Mischung aus Obstessig und Honig. Ein vorzügliches Mittel gegen Schlaflosigkeit ist auch dieses: Sie kaufen 2 Pfund Badekamille, verpacken sie in ein Tuch, stecken das Ganze in einen Eimer mit Wasser und lassen es 24 Stunden lang stehen. Den kalt zubereiteten Extrakt setzen Sie einem lauwarmen Vollbad zu. Dieses Bad nehmen Sie eine Zeitlang regelmäßig kurz vor dem Schlafengehen. Die Kur ist vor allem bei längerer Schlaflosigkeit sehr wirksam. Sie werden auch dann besser einschlafen, wenn Sie um Ihren Hals einen kalten Wickel machen und darüber ein Seidentuch legen.

Außerdem müssen Sie aber auch den mutmaßlichen psychischen Ursachen Ihrer Schlaflosigkeit nachspüren. Kummer und Sorgen haben wir ja alle, und wie viele von uns sind von der Zeitseuche »Angst« ergriffen! Sie müssen jedenfalls versuchen, vor dem Zubettgehen völlig abzuschalten. Sie können sich sehr gut ablenken, wenn Sie vor dem Einschlafen etwas ganz Belangloses lesen – z. B. Heiratsannoncen oder die Reklameseite einer Zeitung. Man kann und soll sich dazu zwingen, nichts Belastendes mit in den Schlaf hinüberzunehmen; nur dann wachen Sie so gut erholt und ausgeruht auf, wie Sie es für die Aufgaben des nächsten Tages brauchen. Es verschönt zudem Ihre Haut, kommt Ihren Gesichtsmuskeln zustatten, die dann straff und jugendlich bleiben, und schließlich profitieren auch Ihre Augen und die ganze Augenpartie davon. Gerade der gute, tiefe Schlaf läßt Ihre Augen auf ganz natürliche Weise glänzen, und die gefürchteten, kleinen Falten in der Augengegend werden vom Schlaf am wirksamsten bekämpft. Sie sehen also, der Schlaf ist für Ihr Wohlbefinden und für Ihre Schönheit beinahe noch wichtiger als die tägliche Schönheitspflege, aber Sie müssen *regelmäßig*, gut und ausreichend schlafen. Der Schlaf verjüngt Sie nicht nur, er gleicht Ihr ganzes Wesen aus.

Es gibt keine genormte »beste Schlafstellung« – die beste ist eben die Ihre. Die Hauptsache ist die Fähigkeit, sich völlig zu entspannen: Alle Muskeln lockern, zuerst die der Bauchmitte und der Lendengegend, dann die der Beine bis hinunter zu den Zehenspitzen, danach die Schultern, die Arme, die Hände und schließlich die Muskeln des Halses und des Gesichtes.

Aber eines ist wichtig: Schlafen Sie flach! Ihre Organe werden es Ihnen danken. Und gewöhnen Sie sich ab, zu weich zu schlafen. Die allzu weichen Daunen verursachen eine unerwünschte Erhitzung des Körpers. Probieren Sie doch einmal ein festgestopftes Woll- oder Roßhaarkissen aus, wie es in romanischen Ländern üblich ist. Es ist so prall, daß sich das Gesicht nicht darin vergraben kann und daher auch keine Schlaffalten entstehen können.

Sind Sie morgens aber doch »zerknautscht«, dann schnell ein paar Kniffe:

Das Gesicht in kaltem Wasser mit einem Zusatz von Borax oder Mineralwasser waschen, dann ein wenig Fett oder Öl auf die Fingerspitzen nehmen und es leicht auf Stirn, Augenpartien und Hals auftragen und jetzt mit dem Kopf kreisen, einmal links und einmal rechts herum. Anfangs wird es Ihnen schwindlig werden, aber das macht nichts! Gehen Sie sogar so weit, daß Sie auch die Augen ein paarmal rollen und sie dabei groß aufreißen – das alles tut Ihnen bestimmt gut.

Und nun so ausgiebig wie möglich unter die Dusche! Haben Sie keine, wirkt es nicht weniger erfrischend, wenn Sie den Körper mit einer Massagebürste trocken abbürsten. Wenn Sie das systematisch jeden Morgen machen, werden Sie den neuen Tag bald mit einer ganz anderen Selbstsicherheit beginnen.

Sie sollten zwar mindestens acht Stunden schlafen, aber leider sind viele Menschen gezwungen, kürzer zu schlafen. Das ist auf die Dauer ein Raubbau an der Jugend und am guten Aussehen. Richten Sie sich mindestens einmal im Monat einen »Schlaftag« ein. Das heißt nicht, daß Sie den ganzen Tag schlafen sollen – Sie sollen nur so lange schlafen können, wie Sie mögen. Dazu gehört auch, daß Sie sich schon am Abend vorher darauf freuen!

»Make-up der Nacht«

Die Ausscheidung aller Gifte während des Schlafes geschieht hauptsächlich durch die Haut. Fallen Sie also, wenn Sie auch todmüde sind, nicht ins Bett, ohne vorher die Haut vom Tagesschmutz und Puder sorgfältig gereinigt zu haben. Diese paar Minuten für das »Make-up der Nacht« *müssen* Sie aufbringen. Dazu gehört auch, die Augen öfters in einem lauwarmen Kamillen- oder Fenchelteeaufguß zu baden. Außerdem sollten Sie die Blutzirkulation der Haut durch eine kräftige Abreibung mit einer halbharten Wurzelbürste erhöhen. Dann atmet die Haut noch intensiver, was in der Nacht ungemein wichtig ist. Schlafen Sie deshalb auch nicht zu dick eingepackt, damit der Körper nicht verwöhnt wird und Sie nicht, besonders im Winter, dauernd unter Erkältung zu leiden haben.

Wenn Sie dann noch regelmäßig nach dem Aufstehen Ihre Gymnastikübungen machen, werden Sie stets voll jugendlicher Spannkraft den neuen Tag beginnen.

Hautpflege — das A und O der Schönheitspflege

Die Aufgaben der Haut

Die Haut hat einen sogenannten Säuremantel, der lediglich dort unterbrochen ist, wo die Schweißdrüsen des Körpers sitzen, die als Duftdrüsen bezeichnet werden: Unter den Achselhöhlen, um die Brustwarzen und in der Nabel- und Genitalgegend. Dieser Säuremantel hat die wichtige Aufgabe zu erfüllen, die Haut vor bakteriellen Einflüssen zu schützen. Durch übermäßige alkalische Waschungen und zu scharfe Reinigungsmittel kann der Säuremantel beschädigt oder zerstört werden; in diesem Fall sollte man sich mit angesäuertem Wasser (Zitrone oder Essig) nachwaschen, um ihn wiederherzustellen.

Die Hauptaufgabe der Haut und ihre physiologische Bedeutung für den Gesamtorganismus liegen in der Funktion des Schutzes, der Temperaturregelung, der Ausscheidung, des Stoffwechsels, der Bildung von Abwehrstoffen und in ihrer Wirkung als Sinnesorgan.

Die Diagnose der Haut

Dieser Punkt, liebe Leserin, ist im Bezug auf Schönheitspflege der wichtigste überhaupt, denn nur bei genauer Kenntnis Ihres Hauttyps ist die Wahl des richtigen Pflegemittels und ein Vermeiden grundlegender Fehler in der Behandlung möglich. Lassen Sie sich notfalls von einer guten Kosmetikerin beraten. Ich unterscheide zunächst einmal drei Grundtypen: Die zarte, die normale und die dicke Haut.

Die *zarte* Haut ist dünn und durchsichtig, bei normaler Durchblutung rosig, und die Blutäderchen schimmern durch; sie fühlt sich meist trocken an. Sie neigt auch sehr oft zu geplatzten Äderchen (über die Ursachen dieser Erscheinung werde ich noch ausführlich berichten), und zu Grießkörnchen, in der Fachsprache Milien genannt, die sich meistens in der Gegend der Augen befinden. Sie reagiert sehr empfindlich auf Witterungseinflüsse, Heißwasserbehandlungen, Sonnenstrahlen und Seife.

In vielen Fällen, besonders bei blonden Menschen, ist die zarte Haut so übermäßig trocken, daß sie geradezu nach Fett lechzt. Dann ist sie rauh und spröde, neigt zu roten Flecken und Exzemen und verträgt nicht einmal die mildeste Seife und keinerlei alkoholisches Wasser. Sie kann nur mit sehr viel guten Fettcremes gesund und schön erhalten werden.

Die *normale* Haut ist gut durchblutet, hat eine frische Farbe, ist schön durchfettet und durchfeuchtet und wird keine nennenswerten Hautunreinheiten aufweisen. Sie ist nicht allzu empfindlich gegen Witterungseinflüsse und verträgt Sonnenbestrahlung gut. Die normale Haut ist die Idealhaut. Wenn Sie von der Natur mit ihr beschenkt wurden, so vernachlässigen Sie diese Gabe nicht, sondern pflegen Sie diese Haut im notwendigen Maße.

Die *dicke* Haut ist meistens blaß, sie reagiert auf Durchblutungsbehandlungen nur für kurze Zeit, ist undurchsichtig und unempfindlich. Man sieht keine Äderchen durchschimmern. Sie neigt zu Unreinheiten und Fettigkeit und gegenüber den anderen Hautarten zu großen Poren. Sie verträgt Wasser und Seife gut, auch alkoholisches Wasser, ist unempfindlich gegen Witterungseinflüsse und dankbar für, selbstverständlich nicht übertriebene, Sonnenbestrahlung. Bei übermäßiger Fettigkeit (auch nach dem Einfetten) glänzt die Haut sehr stark, ist auch mit Puder auf längere Zeit nicht zu überdecken und neigt besonders stark zu Mitesserbildung und Pickeln.

Neben diesen drei Grundtypen gibt es noch zwei Hautarten, die unbedingt erwähnt werden müssen: Die Mischhaut und die nervöse Haut.

Die *Mischhaut* ist eine sehr häufige Erscheinung. Viele Frauen können sich nie ein klares Bild über ihre Haut machen, weil z. B. ihre Nase glänzt, die übrige Haut aber empfindlich ist, oder auch Nase, Stirn und Kinn glänzend und fettig sind, die Wangenpartie aber nach Seifenwaschungen spannt und fleckig wird. Wie der Name »Mischhaut« schon sagt, setzt sich diese Art aus zwei oder drei der erwähnten Typen zusammen, und sie muß wohl oder übel auch dementsprechend behandelt werden.

Die *»nervöse Haut«* entwickelt sich meist aus dem zarten oder normalen Typ und ist sehr häufig anzutreffen. Es ist zwar nicht immer so, daß nervöse Menschen auch eine nervöse Haut haben müssen, aber wer eine nervöse Haut hat, ist immer mehr oder weniger ein »Nervenbündel«. Je nachdem, wie der Grad der Nervosität wechselt, wechselt auch das Hautbild des nervösen Typs von Tag zu Tag, oft von Stunde zu Stunde. Das heißt also, daß die Haut auf kurze oder lange Zeit sehr schön, sauber und rein sein kann, um dann, von einer Stunde auf die andere, fleckig, gereizt und unrein zu werden, übersät von schnell aufschießenden kleinen Bläschen, die mit Hautwasser gefüllt sind. Diese Erscheinungen können ebenso schnell wieder abklingen, sich aber auch über Tage und Wochen erstrecken, immer wieder abklingen und neu auftreten. Alle das Gesamtnervensystem erregenden Mittel wie Kaffee, Tee, Alkohol, Nikotin, scharfe Gewürze etc., sowie Aufregungen, Wetterfühligkeit oder seelische Spannungen können sich hier sehr ungünstig auswirken; ebenso Hautpflegemittel, die nicht mild genug sind und deshalb Reizungen auf der Haut verursachen.

Anomalien, unreine Haut

Die Beschaffenheit der Haut ändert sich im Laufe der Jahre, so daß Sie sich immer wieder genau beobachten müssen, um sich individuell richtig zu pflegen.

Ob die Haut rosig oder blaß ist, hängt nicht nur davon ab, wie dick sie ist, sondern auch von der Blutbeschaffenheit, vom Blutgehalt und von der Größe der Blutgefäße. Das heißt also, daß auch eine zarte oder normale Haut blaß aussehen kann, wenn der Träger blutarm ist oder unter Gefäßstörungen leidet. Da aber diese Krankheitserscheinungen meist im Zusammenhang mit einem gestörten Allgemeinbefinden auftreten, ist es die Aufgabe des Arztes, sie festzustellen.

Auch Veränderungen der Hautfarbe ins Hellgelbe oder Gelblichbraune sind immer ein sicheres Zeichen dafür, daß eine organische Krankheit vorliegt, die unbedingt medizinisch behandelt werden muß.

Andere Anomalien lassen sich dagegen oft selbst auskurieren, wenn man nur erst ihre Ursachen erkannt hat.

Die *großporige Haut* kann mannigfache Ursachen haben. Auch die zarte und die normale Haut können durch falsche Behandlung großporig werden, z. B. durch zuviel Puder und Schminke, zuviel Sonnenbestrahlung, übertriebene Dampfbäder oder zuviel Heißbehandlungen. Ebenso hinterlassen eine abgeheilte Akne oder eine Talgdrüsenüberfunktion, die sogenannte Seborrhoe, in den meisten Fällen eine großporige Haut.

Die *vorzeitig welke Haut* entsteht durch schlechte Blutzirkulation und falsche Ernährung, die die Haut verhungern und austrocknen lassen. Meist sind es zarte und empfindliche Typen, deren Haut zum vorzeitigen Welkwerden neigt. Viel Schlaf, viel frische Luft, eine gute Durchblutung des ganzen Körpers, gute Nähr-Vitamincremes und wenig Nikotin und Alkohol sind hier anzuraten.

Die Ursachen für *geplatzte Äderchen* können sehr vielseitig sein: Zu starke Sonnenbestrahlung oder Kälteeinflüsse, übermäßiger Kaffee- und Alkoholgenuß, ständige unsanfte Behandlung der Haut wie zu starke Massagen, Wechselwaschungen oder zu großer Temperatursturz (Sauna), ebenso aber auch zu hoher Blutdruck, Kreislaufstörungen und die damit verbundenen Stoffwechselkrankheiten.

Pigmentflecken können in Form von Punkten oder Flecken oder auch in flächenförmiger Ausdehnung vorkommen. Im letzteren Fall spricht man von einem Cloasma. Diese gelben bis gelbbraunen Pigmentierungen können verschiedene Ursachen haben: Hormonelle Einflüsse in der Schwangerschaft, Erkrankungen der Unterleibsorgane oder der Nebennieren, aber auch ganz harmlose Einflüsse. Manche Sorten von Kölnisch Wasser und Parfüm verursachen zum Beispiel unter der Einwirkung von Schweiß und Sonne braune Flecken auf der Haut, die nur schwer wieder zu entfernen sind.

Bei *Nasenröte* können großer Kälteeinfluß, Wind und Wetter die Ursache sein, aber auch innere Leiden wie Magen- und Darmstörungen, Kreislaufstörungen oder Blutarmut. Bekannt ist auch die sogenannte Trinkernase, die durch zu reichlichen Alkohol verursacht wird.

Jede Hautart kann *Mitesser* aufweisen, auch die zarte und normale. Sie sind jedoch hier meist nur spärlich zu finden, und die Ursachen sind sehr oft falsche, die Poren verstopfende Pflegemittel. Anders ist es dagegen bei fetter Haut. Sie weist in fast allen Fällen zahlreiche Mitesser auf. Erbliche

Veranlagung, aber auch schlechte Verdauung, Stoffwechselstörungen und falsche Ernährung sind hier die Hauptursachen.

Übermäßig starke Talksekretion wird als *Schmerfluß* oder *Seborrhoe* bezeichnet. Sie ist eine Pubertätserscheinung und gehört in die Hände einer erfahrenen Kosmetikerin.

Die *unreine Haut* mit ihren vielen Variationen würde ein Kapitel für sich füllen, und es ist mir unmöglich, erschöpfend darauf einzugehen. Die Ursachen sind so mannigfaltig, daß ich sie hier nur kurz streifen kann. Schuld ist oft eine unsachgemäße Behandlung, wodurch die Poren verstopft werden und Mitesser entstehen, die sich dann entzünden. Außerdem Unsauberkeit und mangelhafte Reinigung, Verdauungs-, Magen- und Darmstörungen, das Einnehmen gewisser Medikamente (z. B. Brom und Jod) oder der Umgang mit bestimmten chemischen Substanzen, wie z. B. Chlor und Teer.

Die ausgeprägteste Form der unreinen Haut ist die sogenannte *Akne*, von der wir verschiedene Formen kennen. Am häufigsten und bekanntesten ist die Pubertätsakne. Sie ist wie die Seborrhoe eine Störung in den Entwicklungsjahren. Alle Formen der Akne gehören in die Hand eines Arztes und einer Kosmetikerin.

Hier möchte ich nur alle Frauen, die mit einer mehr oder minder unreinen Haut behaftet sind, warnen, zuviel und zu unvorsichtig in ihrem Gesicht herumzudrücken. Das kann häßliche blaurote Flecken und Knoten geben, die Sie zeit Ihres Lebens mit sich herumtragen müssen.

Die Pflege der verschiedenen Hauttypen

Schon beim Säugling sollte mit einer intensiven Hautpflege begonnen werden. Jede Mutter kann sogar für die Haut ihres Kindes vorsorgen, wenn sie während der Schwangerschaft viel vitaminreiche Kost wie Obst, Salate und Gemüse, aber wenig eiweißhaltige Speisen wie Fleisch und Käse zu sich nimmt. Aber das nur am Rande; im übrigen ist frische Luft die beste Medizin für die Haut.

Entscheidend ist, daß Sie, verehrte Freundin, wissen, daß auch die schönste Haut einer sehr sorgsamen Pflege bedarf. Halten Sie sich immer vor Augen, daß spätestens nach dem dreißigsten Lebensjahr eine spezielle Hautpflege einsetzen sollte. Lassen Sie sich, wenn Sie eine gesunde und normale Haut haben, nicht über zunächst kaum merkliche Erschlaffungserscheinungen hinwegtäuschen. Nur wenn Sie rechtzeitig mit einer intensiven Hautpflege beginnen, können Sie das frühzeitige Welken und Schlaffwerden Ihrer Haut verhindern und mit Sechzig noch so aussehen wie in Ihren besten Jahren. Hierzu gehört freilich eine eiserne Selbstdisziplin. Es genügt nicht, daß Sie ab und zu, wenn Sie gerade Lust dazu haben, an Ihre Haut denken – ihre Pflege muß für Sie so selbstverständlich sein wie das Essen und Trinken!

Diese Selbstdisziplin beginnt bereits bei der Gesichts- und Hautpflege vor dem Schlafengehen. Selbst auf Gastspielen oder anstrengenden Reisen nehme ich mir jeden Abend – ganz gleich, wie spät es geworden ist – die nötige Zeit, um meiner Haut das zu geben, was sie braucht. Sie muß ja wieder atmen können, der ganze Schmutz des Tages muß entfernt werden, damit sich die Poren nicht verstopfen und die Haut nicht matt und welk wird. Keinem Menschen würde es einfallen, mit seinem Mantel ins Bett zu gehen, aber der Haut wird ähnliches ohne weiteres zugemutet!

Also noch einmal: *Allabendliche Reinigung der Haut ist oberstes Gebot!*

Zum Reinigen empfehle ich Ihnen, eine auf pflanzlicher Basis hergestellte Waschcreme, Gesichtsmilch oder ein Waschöl (Blütenregen) zu nehmen. Alkoholisches Reinigungswasser reizt die Haut und trocknet sie aus, vor allem die zarte und empfindliche Haut, während alle aus pflanzlichen Extrakten hergestellten Kosmetika der Haut die nötigen Wirkstoffe zuführen.

Nach der Reinigung muß die Haut leicht eingefettet werden. Normalerweise besitzt sie zwar genügend Fett, um sich gegen Witterungseinflüsse zu schützen und ein Austrocknen zu verhindern. Diese Schutzvorrichtung kann jedoch sehr schnell leiden, und deshalb muß man hier ein wenig nachhelfen.

Beim Eincremen sollten Sie unbedingt darauf achten, daß die Haut nicht zu stark gedrückt oder gedehnt wird. Sie würden damit nur ihren Alterungsprozeß beschleunigen! Tragen Sie jede Creme mit sanften Streichbewegungen Ihrer Fingerspitzen auf und zwar – das ist besonders wichtig – *immer von unten nach oben.* Am besten führen Sie die Bewegungen vor dem Spiegel aus. Ihre Hand fährt unter zartem Fingerdruck vom linken Mundwinkel zur Kinnmitte (das ist die einzige Ausnahme von der Grundregel »von unten nach oben«) und von der Kinnmitte zu den Ohren. Cremen Sie dann die Wangenpartien, die Stirn und den Hals ein.

Nun ist Ihre Haut für die Nacht präpariert und kann sich ebenso wie Ihr gesamter Organismus während des Schlafens wieder regenerieren.

Die Pflege der zarten Haut

Ist Ihre Haut nicht allzu trocken und empfindlich, so dürfen Sie sie nach der abendlichen Reinigung mit enthärtetem Wasser auffrischen. Zum Enthärten nehmen Sie am besten ein paar Tropfen Borax oder Zitrone. Das wirksamste Mittel zur Pflege der zarten, empfindlichen Haut ist jedoch das Regenwasser. Wenn Sie kein Wasser vertragen, so verwenden Sie nur eine Gesichtsmilch oder Irisöl zum Reinigen. Die Rückstände saugen Sie mit einem weichen Tuch ab.

Für die Nacht tragen Sie dann eine gute Nährcreme in dünner Schicht (übertrockene Haut braucht etwas mehr) auf, und zwar unter genauer Berücksichtigung der Vorschriften. Falsches Eincremen kann viel Schaden verursachen, besonders um die zarte Augenpartie herum.

Bei geplatzten Äderchen darf keine Hormoncreme verwendet werden, weil sie die Durchblutung zu stark fördert.

Am Morgen waschen Sie Ihr Gesicht mit kühlem, enthärtetem Wasser ab und verwenden eine milde Lotion oder ein alkoholfreies Wasser zum Auffrischen. Wenn Ihre Haut sehr trocken ist, so legen Sie noch einen Film von Fettcreme über Gesicht und Hals. Die Creme wird in diesem Fall von der Haut völlig resorbiert, so daß sie nicht glänzt, aber gegen Witterungseinflüsse geschützt ist und geschmeidig bleibt.

Tagescreme wird im allgemeinen von zarter, trockener Haut schlecht vertragen. Wollen Sie trotzdem eine Tagescreme verwenden, so wählen Sie nur eine halbfette, ganz milde Feuchtigkeitscreme. Zum Pudern nehmen Sie nur besonders feine Sorten. Klopfmassagen bitte nur ab und zu anwenden, und auch nur dann, wenn keine geplatzten Äderchen vorhanden sind.

Einmal pro Woche eine Gesichtspackung mit Irisöl wirkt bei trockener, zarter Haut wahre Wunder!

Die Pflege der normalen Haut

Wenn Sie eine normale Haut besitzen, dann vertragen Sie sicher auch lauwarmes und kaltes Wasser. Ansonsten nehmen Sie zum Reinigen eine Lotion, Milch oder Creme.

Reinigungscremes müssen mit einem mit Gesichtswasser oder klarem Wasser getränkten Wattebausch restlos entfernt werden, sonst gibt es verstopfte Poren und Mitesser.

Nachts sollten Sie eine Schicht dünner Nährcreme auftragen.

Am Morgen erfrischen Sie Ihr Gesicht mit kaltem Wasser. Sie können sich auch mit einer feinstrahligen Brause das Gesicht abspritzen. Fangen Sie unter dem Kinn an und führen Sie den Strahl zunächst nach rechts, dann nach links bis zu den Ohren. Mit dem zweiten Strahl beginnen Sie beim Kinn, gehen dann bis zu den Augen hinauf und dann seitlich weg bis zu den Schläfen. Mit dem dritten Strahl spritzen Sie die Stirn von der Mitte aus nach rechts und links ab. Trocknen Sie sich dann mit einem Frottiertuch ab und klopfen Sie mit etwas Watte oder den Fingerspitzen Gesichtswasser ein, das die Poren zusammenzieht. Legen Sie dann Ihrem Hauttyp entsprechend eine Fettcreme oder wenig Tagescreme auf.

Vor dem Ausgehen klopfen Sie Ihr Gesicht mit den Handflächen beider Hände von unten nach oben (bei geplatzten Äderchen verboten!). Die Hände müssen dabei leicht eingecremt sein.

Ein- bis zweimal wöchentlich können Sie Wechselkompressen machen (auch das ist bei geplatzten Äderchen verboten!). Und nach der wöchentlichen Massage regt eine kalte Kompresse die Hautdurchblutung an.

Wenn Sie die Dreißig bereits überschritten haben, so sollten Sie sich einmal wöchentlich, wenn Sie Zeit und Ruhe haben, eine Gesichtsmaske zur Hauternährung machen.

Die Pflege der dicken Haut

Wenn Sie eine dicke Haut haben, dürfen Sie zum Reinigen außer Wasser und Seife auch Blütenregen (Waschöl) nehmen, ebenso auch alkoholisches Reinigungswasser.

Wechselwaschungen zur Durchblutung sind erlaubt, aber vergessen Sie nie, hinterher mit viel kaltem Wasser, in das Sie etwas Zitronensaft geben, nachzuspülen. Auch ein adstringierendes Gesichtswasser zur Nachbehandlung ist zu empfehlen. Für die Nacht nehmen Sie ab und zu eine Nährcreme.

Am Morgen waschen Sie Ihr Gesicht mit Wasser, dem Sie einen Schuß Apfelessig oder Zitronensaft zugesetzt haben. Machen Sie sich auch öfters einen Gesichtsguß, wie ich ihn bei der Pflege der normalen Haut beschrieben habe. Sollte Ihre Haut sehr fett sein, so machen Sie alle acht Tage eine Hefepackung. Achten Sie auf Ihre Ernährung, essen Sie wenig Süßigkeiten und wenig scharf gewürzte oder fette Speisen.

Die Pflege der Mischhaut

Wenn Sie an Stirn, Nase und Kinn eine fette Haut haben, die Wangenpartien aber eher trocken und zart sind, so pflegen Sie sich am besten folgendermaßen: Reinigen Sie die fetten Partien am Abend mit einem alkoholischen Gesichtswasser (kein Kölnisch!), die zarten Partien dagegen mit einer Gesichtsmilch. Anschließend behandeln Sie Stirn, Nase und Kinn mit einer adstringierenden Lotion, Wangen und Augenpartie aber mit einer guten Nährcreme.

Morgens erfrischen Sie sich mit viel kühlem Wasser, behandeln Stirn, Kinn und Nase wiederum mit einem adstringierenden Präparat nach und cremen die Wangenpartie hauchdünn mit einer Fettcreme oder einer halbfetten Tagescreme ein.

Packungen und Masken nie über das ganze Gesicht legen, sondern nur auf die fetten Partien. Dafür auf die Wangenpartie ab und zu eine gute Nährpackung machen.

Die Pflege der nervösen Haut

Die Behandlung dieser Haut ist nicht ganz einfach, weil sie auf die gleichen Mittel oft unterschiedlich reagiert. Menschen mit nervöser Haut vertragen oft nicht einmal die mildeste Seife. Deshalb ist es am besten, wenn Sie für die abendliche Reinigung nur eine Gesichtsmilch nehmen. Ab und zu ist ein mildes Gesichtswasser erlaubt, wenn die Haut nicht zu trokken ist; es wirkt in jedem Falle reizlindernd.

Regenwasser ist besonders für die nervöse Haut ein wundervolles Pflegemittel. Nach der Reinigung tragen Sie eine ganz milde, reizarme und möglichst unparfümierte Nährcreme auf.

Am Morgen erfrischen Sie sich mit enthärtetem Wasser oder Regenwasser und legen, je nach Befinden der Haut, einen Film von Fettcreme auf.

Wechselbäder oder heiße Kompressen sind verboten, ebenso stark durchblutungsfördernde Massagen und Packungen.

Vermeiden Sie übermäßigen Kaffee- und Alkoholgenuß und scharfe Gewürze. Ist Ihre Haut sehr fleckig und gereizt, so legen Sie einen Wattestreifen auf, den Sie vorher in Borsäurelösung getränkt haben. Legen Sie sich für eine halbe Stunde hin, entspannen Sie sich, und lassen Sie das Borwasser solange einwirken. Ihre Haut wird danach wesentlich besser aussehen.

Die Bekämpfung von Hautschönheitsfehlern

Oft erscheinen uns die kleinen Schönheitsfehler riesengroß und machen uns unsicher und befangen. Deshalb gebe ich

Ihnen schnell ein paar Ratschläge, was Sie dagegen tun können.

Hautgrieß und *unreine, fettige Haut* treten meistens zusammen auf. Nur äußere Behandlung kann jedoch hier keine Besserung herbeiführen. Vor allen Dingen müssen Sie auf Ihre Ernährung und Verdauung achten. Bei unreiner Haut sollte man möglichst wenig Fleisch, Eier und Käse essen, denn die dadurch im Darm entstehenden Fäulnisprodukte gehen bei mangelhafter Stoffwechseltätigkeit ins Blut über und verursachen dann den schlechten Teint. Vermeiden Sie auch zu fette Speisen (besonders Schweinefett) und Mehlspeisen, ebenso Zucker, Schokolade und alle Süßigkeiten. Essen Sie dagegen viel Salate, Obst und Gemüse. Wenn Sie reichlich Vitamine essen und einmal täglich eine Tasse Kamillentee trinken, werden Sie bald eine schönere Haut bekommen.

Versuchen Sie auch einmal für die Dauer von vier bis sechs Wochen eine Hefekur! Rohe Hefe ist reich an Natrium und Kalium und die beste Vitamin-B-Quelle. Seit langem wird sie als Mittel gegen unreine Haut verwendet, da die in ihr enthaltenen Vitamine und alkalischen Stoffe dem Körper bei der Verdauung von Fetten helfen. Frische Hefe sollte nur auf nüchternen Magen und nie zusammen mit einem anderen Nahrungsmittel gegessen werden. Man läßt sie langsam im Munde zergehen oder vermischt sie mit Wasser oder Milch. Sie können auch ebensogut Hefepulver aus dem Reformhaus verwenden. Am besten nimmt man die Hefe morgens nach dem Aufstehen oder kurz vor dem Schlafengehen zu sich. Auch bei Sodbrennen und Magenschmerzen hat Hefe eine lindernde Wirkung.

Die äußerliche Behandlung der unreinen Haut umfaßt heiße Kompressen, Gesichtsdampfbäder, Packungen und Abreibungen mit Zitronen- oder Apfelsaft, um die Poren wieder zusammenzuziehen. Nach einer solchen Behandlung muß die Haut etwas eingefettet werden, damit sie geschmeidig bleibt.

Bei *geplatzten Äderchen* sollten Sie übermäßigen Kaffee- und Alkoholgenuß vermeiden. Keinesfalls dürfen Sie sich Klopf- oder Knetmassagen machen, auch keine heißen Kompressen und Dampfbäder. Außerdem sollten Sie sich vor eisigem Wind und zu starker Sonnenbestrahlung hüten. Verwenden Sie keine Hormoncreme!

Machen Sie Abwaschungen mit lauwarmer Milch und nehmen Sie nur eine gute Nährcreme. Gegen Kälte und Sonne müssen Sie sich immer das Gesicht einfetten. Puder und Make-up in den passenden Tönen helfen den Fehler überdecken.

Haben Sie *Sommersprossen?* Das ist nicht tragisch. Manchmal wirken sie sogar ausgesprochen chic. Wenn Sie sie aber trotzdem loswerden wollen, dann reiben Sie die betreffenden Stellen mit einer Gurkenscheibe ab. Den Saft lassen Sie ruhig eine Weile auf der Haut stehen, ehe sie ihn mit Wasser abspülen.

Ein anderes Rezept gegen Sommersprossen besteht aus 25 Gramm Zitronensaft, einem Teelöffel Honig, einem Teelöffel Kaiserborax und einem Eßlöffel Wasser. Man schüttet das Ganze in ein Fläschchen, schüttelt es gut durch und läßt es 24 Stunden stehen. Sie können sich nachts damit einreiben und die Flüssigkeit gegen Ihre Sommersprossen einwirken lassen. Während der äußerlichen Behandlung trinken Sie täglich eine Tasse Schlehenblütentee.

Die *glänzende Nase* muß auch nicht sein. Überpudern hilft nur für einen Augenblick, das werden Sie selbst schon festgestellt haben. Tupfen Sie lieber Ihre Nase mit etwas verdünntem Apfelessig ab, um ihr das überschüssige Fett zu entziehen. Fettfreie Hautcreme und etwas Puder darüber lassen sie wenigstens für einige Stunden matt bleiben. Im Winter müssen Sie allerdings mit dieser Methode etwas vorsichtig sein, da die Nasenspitze ihrer natürlichen Schutzschicht – des Fettes – beraubt wird und daher leichter zu Erfrierungen neigt. Machen Sie öfters Hefepackungen.

Aufgesprungene Lippen baden Sie möglichst oft in heißem Kamillenwasser und massieren sie dann gleichmäßig kreisförmig mit ein bis zwei Tropfen Irisöl. Eingerissene Mundwinkel betupfen Sie innen und außen mit Wasserstoffsuperoxyd.

Wenn Sie *große Poren* haben, dürfen Sie keine Kamillen-Dampfbäder machen, am besten gar keine Dampfbäder. Waschen Sie sich oft mit kaltem Wasser, das Sie mit adstringierenden Mitteln (Zitrone, Kräuteressig oder Apfelessig) angereichert haben. Vermeiden Sie starke Sonnenbestrahlung. Vor der Mitesserbehandlung statt Dampfbädern nur heiße Kompressen auflegen und hinterher mit viel angesäuertem Wasser nachwaschen. Zweimal wöchentlich Packungen oder Masken machen.

Warzen sollte man, wenn sie massiert auftreten, nicht selbst behandeln wollen, sondern lieber einen Arzt zu Rate ziehen. Treten sie nur vereinzelt auf, kann man sie durch geriebene Zwiebeln und einen Tropfen Essig recht bald wieder verschwinden lassen; auch Rizinusöl kann einen Erfolg zeitigen. Bestreichen Sie die Warzen mit Kreide, dann trocknen sie langsam aus. Am sichersten ist jedoch die vollkommen ungefährliche und narbenlose Entfernung durch Elektrolyse.

Auch wenn Sie *Pigmentflecken* haben, sollten Sie lieber einen Arzt oder eine erfahrene Kosmetikerin um Rat fragen. Intensive Schälkuren dürfen nur unter ihrer Aufsicht gemacht werden. Manchmal hilft es, die Flecken täglich mit Rizinusöl einzureiben.

Schälkuren, Packungen, Masken

Hauterneuerung durch milde Schälkuren

Durch unmerkliches Abstoßen der oberen Hautschichten erneuert sich die Haut ständig. Wollen Sie diesen Vorgang aus irgendeinem Grunde ein wenig forcieren, dann rühren Sie einen Eßlöffel Mandelkleie oder Hefe mit etwas Wasser zu einem dicken Brei, fügen ein Eiweiß hinzu und verteilen die Masse über das Gesicht. Wenn der Brei fast getrocknet ist, reiben Sie ihn mit trockenen Händen wieder ab. Die Haut ist jetzt wie poliert. Dadurch, daß sie durch die Eiweißschicht für kurze Zeit am Atmen gehindert wurde, hat sie alle Reserven auf den Plan gerufen und mit verstärkter Blutzirkulation in den oberen Hautschichten geantwortet. Gute Durchblutung ist das A und O der Hautpflege. Mit ein wenig Fettcreme halten Sie sie nach solch einer Kur geschmeidig. Diese Behandlung dürfen Sie nur ein paarmal im Jahr wiederholen.

Gesichtspackungen und Masken

Schönheitsmasken sind ein Hauptbestandteil der Schönheitspflege. Sie wurden schon in Griechenland und im alten Rom angewendet, und ihre Zusammensetzung ist heute noch fast genau die gleiche wie damals. Die Wirkung der Masken beruht zum Teil darauf, daß die Haut vollkommen von der Luft abgeschlossen wird. Die Folge davon ist eine vermehrte Blutzufuhr und damit gleichzeitig eine bessere Ernährung des gesamten Gewebes.

Allen Frauen über dreißig rate ich, jede Woche einmal eine Schönheitsmaske aufzulegen. Vor der Behandlung reinigen Sie Ihre Haut gründlich. Während Sie die Maske auf Ihrem Gesicht einwirken lassen, ruhen Sie sich flach gestreckt aus.

Ich gebe Ihnen jetzt die Rezepte für eine Reihe von Schönheitsmasken. Die Ihnen zusagenden Masken müssen Sie nach Ihrem Hauttyp aussuchen.

Masken für normale Haut

1. Mehl, Milch und eine Prise Borax zu einer dickflüssigen Masse verrühren. Diese verteilen Sie mit einem Pinsel messerrückendick über das Gesicht. Die zarten Partien rings um die Augen und die Fältchen der Mundwinkel besonders dick bestreichen. Zehn Minuten lang eintrocknen lassen, dann mit lauwarmem Wasser abwaschen.

2. Einen Eßlöffel ungesüßter Sahne schlagen, darunter zwei Teelöffel Hafermehl und eine Prise Borax rühren. Wenn das Ganze ein dicker Brei geworden ist, füge man den Saft einer Zitrone oder Orange und drei Teelöffel Gurkensaft hinzu (alles durch ein Haarsieb passiert). Man kann auch Tomaten- oder Pfirsichsaft nehmen. Gurken gehören auf jeden Fall hinein. Der Brei wird mit der Hand aufgetragen, eine

halbe Stunde auf dem Gesicht gelassen und dann mit lauwarmem Wasser abgewaschen.

3. Belegen Sie Ihr Gesicht dick mit einer Schicht Sauerteig und lassen Sie ihn eine halbe Stunde lang einwirken. Danach waschen Sie den Teig kalt ab.

4. Eigelb, Honig und Roggenmehl zu gleichen Teilen gut verrühren, die Haut mit der Mischung einpinseln, mindestens eine Viertelstunde lang einwirken lassen, dann abspülen. Wenn Sie Honig nicht vertragen, müssen Sie darauf verzichten.

Masken gegen trockene und für zarte Haut

1. Frischer, ungegorener Weißkäse wird mit zweiprozentiger Borwasserlösung und mit einem Teelöffel Honig schaumig gerührt und messerrückendick mit einem Holzspachtel aufgetragen. Eine Viertelstunde lang auf dem Gesicht liegen lassen und dann mit lauwarmem Kamillentee oder Buttermilch ganz zart nachwaschen. Haben Sie sich mit Buttermilch abgewaschen, spülen Sie mit etwas lauwarmem Wasser nach. Die Spülung muß sehr sorgfältig durchgeführt werden, denn der säuerliche Geruch kann sehr lange haften bleiben.

2. Ein Eigelb mit etwas abgeriebener Zitronenschale anrühren und dann etwa eine halbe Stunde lang gut zugedeckt ziehen lassen. Dann einen halben Eßlöffel Irisöl dazugeben und die Maske aufstreichen. Nach dem Eintrocknen waschen Sie sie mit warmem Wasser, in dem Sie ein Büschelchen Petersilie gekocht haben (drei Minuten lang), und spülen mit weichgemachtem kaltem Wasser nach.

3. Ein Eigelb mit einem Eßlöffel Hafermehl verrühren, mit dem Pinsel auftragen, eine Viertelstunde lang einziehen lassen und warm abwaschen. Mit kaltem Wasser nachspülen.

Masken gegen fette Haut

1. Lassen Sie sich in der Drogerie 50 Gramm Kamille, 30 Gramm Farnwurzel und 30 Gramm Schellkraut feingestoßen mischen. Von dieser Mischung nehmen Sie einen Teelöffel voll, dazu einen Teelöffel Heilerde und rühren das Ganze mit etwas Wasser an. Den Brei streichen Sie auf das Gesicht und lassen ihn trocknen. Waschen Sie ihn mit warmem und kaltem Wasser wieder ab und reiben Sie die Haut danach mit etwas Zitrone ein.

2. Einen gehäuften Eßlöffel Heilerde, einen Teelöffel flüssigen Honig und ein wenig Wasser zu einem Brei verrühren, auf das Gesicht streichen und eine halbe Stunde einwirken lassen. Mit kaltem Wasser abwaschen und anschließend die Haut mit etwas Fettcreme einreiben.

3. Hefe mit kaltem Wasser oder saurer Sahne anrühren, auftragen (besonders dick auf die Mitesser!) und nach 15 Minuten kalt abwaschen.

Masken gegen großporige Haut

1. Heilerde so lange mit ausgepreßtem Karottensaft verrühren, bis Sie eine weiche Paste haben. Mit den Fingerspitzen in kreisförmigen Bewegungen von unten nach oben auftragen. Eine halbe Stunde lang einwirken lassen und dann mit lauwarmem Wasser abwaschen.

2. Heilerde mit weichem Wasser anrühren, 5 Tropfen Peru-Balsam hinzufügen und die Masse auf ca. 38° erhitzen. Mit dem Pinsel auf das Gesicht auftragen und, wenn sie erstarrt ist, wegspülen.

3. Ein halbes Eiweiß leicht schaumig schlagen und einen Teelöffel Zitronensaft hinzufügen, den Schaum auf das Gesicht auftragen und eine Viertelstunde lang einwirken lassen. Mit lauwarmem Wasser abspülen.

4. Drei Eßlöffel Mandelkleie mit Hamameliswasser zu einem Brei verrühren, auf das Gesicht auftragen und so lange einwirken lassen, bis er eingetrocknet ist. Lauwarm abspülen.

Masken gegen unreine Haut

1. Paraffin im Wasserbad flüssigmachen, mit ein paar Tropfen Baldrianöl oder ein wenig Arnikatinktur versetzen und rasch, ehe es hart wird, in dünner Schicht auf das Gesicht aufpinseln. Die Haut muß vorher dick mit einer Fettcreme eingefettet worden sein. Die Umgebung der Augen lassen Sie natürlich frei. Nach fünf Minuten wird die nächste Schicht darübergepinselt, dann läßt man die ganze Maske erstarren. Nach einer Viertelstunde zieht man sie wie eine Haut ab.

2. Verrühren Sie einen Eßlöffel Magerquark mit etwas Wasser und Bienenhonig zu einer Paste. Fügen Sie ein paar Tropfen (nicht mehr) Benzoe-Tinktur hinzu oder Apfelessig. Dieser cremeartige Brei wird gleichmäßig über das ganze Gesicht verteilt. Lassen Sie ihn eine halbe Stunde lang einwirken und waschen Sie ihn mit Kamillentee wieder ab.

3. Rühren Sie einen Brei mit etwas Hefe und etwas Zitronensaft an und streichen Sie ihn auf die Pickel und Mitesser. Lassen Sie ihn eine halbe Stunde lang eintrocknen und waschen Sie anschließend das Ganze mit heißem und kaltem Wasser wieder ab.

Masken gegen welke Haut

1. Ein Eiweiß, einen Löffel Zitronensaft, etwas abgeriebene Zitrone und soviel Mandelkleie, wie die Masse aufnimmt, schaumig rühren, dünn über das Gesicht verteilen und trocknen lassen. Nach acht bis zehn Minuten wieder abwaschen.

2. Einen Eßlöffel durch das Haarsieb getriebenen Erdbeersaft, einen Eßlöffel Rahm und ein Eiweiß miteinander ver-

rühren. 2 Tropfen Benzoe-Tinktur daruntermischen. Die Flüssigkeit dick auf ein Mulltuch auftragen, aus dem man Öffnungen für Nase, Augen und Mund ausgeschnitten hat, auf das Gesicht legen und eine Stunde lang einwirken lassen, dann lauwarm abwaschen.

3. Ein Eiweiß schaumig schlagen, drei Eßlöffel Bohnenmehl und einen Eßlöffel Bienenhonig daruntergeben und das Ganze zu einem Brei verrühren. Dick auf das Gesicht auftragen und zwanzig Minuten lang einwirken lassen. Nach dem Trocknen abwaschen.

4. Frische Gurkenscheiben überall dort auf das Gesicht auflegen, wo sich Fältchen gebildet haben. Eine Viertelstunde lang einwirken lassen, dann abwaschen und die Haut einfetten.

Masken gegen Falten

1. Ein Eßlöffel Zitronensaft wird mit einem Eßlöffel Öl (weißes Oliven-, Erdnuß- oder Distelöl) und einem Eigelb vermischt. Damit die Gesichtshaut bestreichen. Die Masse eintrocknen lassen und nach etwa einer Stunde abwaschen.

2. Einen Eßlöffel Sauerteig mit einem Eßlöffel Obstessig gut verrühren und die Masse auf das Gesicht auftragen. Eine Viertelstunde lang einwirken lassen, abwaschen und die Haut mit Milch abreiben.

3. Zwei Eßlöffel bittere Mandeln werden ganz fein zerstoßen und mit einem Eigelb zu einer Paste verrührt. Diese wird auf das Gesicht aufgetragen und nach einer Stunde abgewaschen.

Diese Masken wirken hautstraffend.

Für rosige Haut

Bei Verträglichkeit Eigelb, Honig und Hafermehl zu gleichen Teilen gut verrühren. Die Haut mit der Mischung einpinseln. Mindestens eine Viertelstunde lang einwirken lassen, dann warm abspülen.

Gegen Sommersprossen

Tomaten oder Rettich in Scheiben schneiden und auf das Gesicht legen. Um Entzündungen zu vermeiden, cremen Sie es vorher ein. Anschließend waschen Sie das Gesicht mit Milch und dann mit lauwarmem Wasser ab.

Die Nachbehandlung der Haut

Wenn die Maske mit lauwarmem oder kaltem, enthärtetem Wasser abgewaschen ist, klopfen Sie Ihr Gesicht etwa eine Minute lang mit den Fingerspitzen durch. Danach legen Sie eine kalte Kompresse auf. Trocknen Sie Ihr Gesicht sorgfältig ab, und tupfen Sie etwas Nähr- oder Tagescreme ein. Dann legen Sie sich ins Bett und schlafen sich gründlich aus.

Dampfbäder, Kompressen, Gesichtsguß

Die einfachste Methode, Ihre Gesichtshaut zu stärkerer Durchblutung anzuregen, sind Wechselkompressen oder das Gesichtsdampfbad. Sie kochen in einem breiten Topf Lindenblütentee – bei schlaffer Haut Salbei oder Thymian – und halten fünf bis zehn Minuten Ihren Kopf darüber. Ein über Kopf und Schüssel gebreitetes Handtuch konzentriert den Dampf, der nicht zu heiß sein darf, sondern als angenehm empfunden werden muß. Anschließend machen Sie kalte Waschungen und behandeln Ihre gereinigte Haut mit den Ihrem Typ entsprechenden Cremes.

Für die Mitesserbehandlung bei einer großporigen Haut machen Sie statt des Dampfbades heiße Kompressen. Man taucht dazu ein weiches Tuch in heißes Wasser mit einigen Tropfen Retterspitz-Extrakt und legt es auf das Gesicht. Dabei darf kein Wasser über das Gesicht fließen. Um die geöffneten Poren zu schließen, legen Sie hinterher kalte Kompressen auf. Sie verkleinern so die großen Poren und straffen die erschlaffte Haut.

Abwechselnd heiße und kalte Kompressen – fünfmal heiß und fünfmal kalt –, die immer mit einer kalten Kompresse aufhören müssen, erhalten die Haut elastisch und fördern ihre Durchblutung. Außerdem haben sie die positive Eigenschaft, den Körper abzuhärten. Sie werden es nicht für möglich halten: Kalte und heiße Wechselkompressen schützen Sie vor Anfälligkeit gegen Schnupfen, diese schönheitsmordende Erfindung der Natur, unter der Sie besonders zu leiden haben, wenn Sie gezwungen sind, in überheizten Räumen zu arbeiten und abends, bei nebligem und windigem Wetter, nach Hause zu gehen.

Normalerweise können Sie alle vierzehn Tage ein Dampf-, Kompresssen- oder Gesichtswechselbad nehmen; bei sehr empfindlicher Haut jedoch seltener und bei geplatzten Äderchen am besten überhaupt nicht.

Der Gesichtsguß

Nicht nur mit Ihren Fingerspitzen können Sie Ihre Gesichtsmuskeln turnen lassen, ein Wasserstrahl aus einer feinen Brause tut auch seine Dienste. Man fängt mit dem ersten Guß über dem Kinn an und führt ihn an der rechten Seite hinauf bis zu den Ohren; das wiederholt man dann auf der linken Seite. Der zweite Guß beginnt auch am Kinn, führt aber über die Augen zu den Schläfen. Der dritte Guß gilt der Stirn. Ihre Haare müssen Sie natürlich zurückbinden und durch eine Badehaube schützen.

Faltenbehandlung, Gesichtsgymnastik, Gesichtsmassage

Faltenbehandlung

Bei allem Verständnis für Ihre täglichen Sorgen und Ärgernisse muß ich Sie bitten, so wenig wie möglich die Mundwinkel verächtlich herunterzuziehen, die Nase zu rümpfen und die Stirn in Falten zu legen. Machen Sie ausgiebigen Gebrauch von Ihrer Sonnenbrille, damit Sie Ihre Mitmenschen nicht mit zusammengekniffenen Augen anblinzeln müssen.

Der Ärger, den Ihnen das Finanzamt oder Ihr Mann bereitet, ist bald wieder vergessen, Ihre Runzeln und Krähenfüße aber sind hartnäckiger. Je unbeherrschter Ihr Mienenspiel ist, desto schwieriger wird es für Sie sein, Ihre Gesichtshaut glatt und jugendlich zu erhalten. Aber die Kosmetik weiß auch hier Rat und gibt Ihnen ein paar Tips, wie Sie Ihre Falten wieder ausbügeln können.

Vorbeugendes Rezept gegen Faltenbildung

Weil Falten die »tiefschürfendsten« Veränderungen in Ihrem Gesicht sind, braucht ihre Behandlung auch die meiste Zeit. Alle Masken gegen Faltenbildung läßt man am besten über Nacht auf dem Gesicht liegen. Um das Kopfkissen nicht schmutzig zu machen, legt man zum Schutz ein Handtuch darüber.

Hier ein Rezept, das die Amerikanerin gern anwendet: Ein gehäufter Eßlöffel Gerstenmehl, ein Eiweiß und 30 Gramm reiner Bienenhonig werden in angewärmtem Zustand zusammengerührt. Diese Masse streicht man auf die Falten, bleibt in Rückenlage still liegen, bis sie erstarrt ist, und läßt sie dann noch mindestens eine halbe Stunde lang einwirken. Anschließend wäscht man das Gesicht mit warmem Wasser ab und spült kalt nach.

Gesichtsgymnastik

Genauso, wie Sie Ihre körperliche Elastizität durch die tägliche Morgengymnastik erarbeiten müssen, genauso braucht auch Ihr Gesicht seine Gymnastik, damit es nicht zu einem jugendfrischen Körper kontrastiert. Es gibt einige einfache Übungen, die bewirken, daß Ihr Gesicht Glätte und Frische bewahrt: Sie müssen jeden Tag vor dem Spiegel ein paar Grimassen schneiden. Durch diese kontrollierten Grimassen erreichen Sie genau das Gegenteil von den Alltagsgrimassen, durch die die Runzeln und Falten entstehen – Ihr Gesicht wirkt wieder entspannt und jung.

Zehn Gebote für das Grimassenschneiden:

1. Zunächst das Gesicht reinigen und dann einfetten, damit die Haut geschmeidig bleibt.
2. Jede Übung dreimal wiederholen. Erst entspannen, dann zehn Sekunden konzentrieren, dann wieder entspannen.
3. Augen schließen und die Muskelbewegung kontrollieren.
4. Während der Übung ruhig und gleichmäßig atmen.
5. Jeden Tag zur gleichen Zeit und in gleicher Reihenfolge üben.
6. Am Tag der Gesichtsmaske mit den Übungen aussetzen.
7. Die Übungen möglichst allein ausführen.
8. Sie können Ihr Gesicht nicht auf einmal wieder in Ordnung bringen. Setzen Sie deshalb Ihre Übungen auch bei nicht sofort sichtbarem Erfolg ruhig und geduldig fort.
9. Machen Sie jeden Tag nur eine Übung.
10. Nach den Übungen einige Minuten flach ruhen, anschließend eine kalte Kompresse auf das Gesicht legen.

Die Übungen:

1. Gähnen Sie sich im Spiegel fünfmal hintereinander herzhaft an. Blasen Sie nach jedem Gähnen die Backen auf und lassen Sie dann die Luft bei fast geschlossenen Lippen pfeifend entweichen. Dadurch werden die scharfen, vom Sprechen herrührenden Falten gemildert.
2. Wölben Sie die Lippen nach außen, soweit es geht. Ziehen Sie sie dann soweit wie möglich nach innen. Dadurch bekommen Sie schöne, volle Lippen.
3. Schieben Sie die Unterlippe und den Unterkiefer nach vorn, so daß Sie die Backenmuskeln bis zu den Schläfen hinauf spüren. Ziehen Sie dann die Unterlippe ein und versuchen Sie das Kinn nach hinten zu schieben – das geht natürlich nicht, aber Sie müssen das Gefühl haben, Sie könnten es –, saugen Sie die Unterlippe nach innen und die Oberlippe gleichfalls. So verschwindet das Doppelkinn und die klassische Linie Ihres Kinns bleibt erhalten.
4. Sagen Sie zehnmal vor dem Spiegel recht breit und laut E – O – A hintereinander. Beim E müssen Sie die Zähne fletschen, das O muß zwischen Pfeifen und Küssen liegen und beim A reißen Sie Mund und Augen ganz weit auf. Dadurch wird Ihre Wangen- und Kinnpartie gut durchmodelliert. Nach dieser Gymnastik spüren Sie alle Gesichtsmuskeln und merken, wie wenig Sie sonst geübt haben.

Gesichtsmassage

Ich halte es jeden Morgen so, daß ich für ein bis zwei Minuten meinen Kopf in die Hände stütze, wobei die Handballen an den Augenwinkeln liegen. Dann denke ich über den kommenden Tag nach und drücke dabei die Handballen fest gegen die Schläfen mit einem leichten Zug zum Hinterkopf. Hinterher muß die Augenwinkelpartie etwas gerötet sein –

das ist das Zeichen dafür, daß das Blut in verstärktem Maße dorthin geströmt ist und die Haut besser ernährt wird.

Und nun noch einige spezielle Massageübungen gegen die gefürchteten Falten.

Wenn Sie die unangenehme Angewohnheit haben, häufig Ihre Stirn in Falten zu legen, sollten Sie es einmal mit der folgenden Massageübung versuchen: Legen Sie die Fingerkuppen beider Hände auf Ihre Stirn und zeichnen Sie hintereinander ein W, ein T und schließlich ein M darauf. Danach zeichnen Sie noch mit den Handflächen die Buchstaben V, W, T und M auf Ihre Stirn. Sie werden überrascht sein, wie schnell sich der Erfolg einstellt, wenn Sie diese Übung längere Zeit wiederholen. Natürlich sollten Sie sich außerdem ständig kontrollieren, ob Sie nicht schon wieder in Ihren alten Fehler, die Stirn krauszuziehen, verfallen sind.

Auch gegen Krähenfüße läßt sich etwas tun: Cremen Sie die Haut rings um die Augen leicht ein. Fassen Sie dann mit dem linken Arm über den Kopf, bis Ihre Fingerspitzen das äußere Ende der rechten Augenbrauen berühren. Halten Sie die Augenbrauen fest und massieren Sie mit der rechten Hand langsam und ohne zu reißen die rechte Schläfe. Führen Sie diese Übung etwa zwanzigmal durch und wiederholen Sie sie dann auf der linken Seite.

Wenn sich zwischen Ihren Augenbrauen die berühmte scharfe Falte gebildet hat, sollten Sie mit der folgenden Massageübung gezielt dagegen angehen: Drücken Sie mit den Handballen beider Hände auf die Augenbrauen und spreizen Sie die Augenfalte ein wenig. Versuchen Sie nun gegen den Widerstand Ihrer beiden Hände die Falte zu ziehen, aber so, daß sich wirklich nicht das geringste Fältchen bilden kann. Danach gut entspannen.

Und schließlich noch eine erprobte Übung gegen Tränensäcke: Legen Sie beide Zeigefinger an die inneren Augenwinkel und streichen Sie in einer u-förmigen Bewegung über die untere Augenlidhaut bis zu den äußeren Augenwinkeln. Wiederholen Sie diese Übung zwanzigmal und schauen Sie dabei so weit wie möglich zur Zimmerdecke.

Je mehr Ihre Haut atmet, desto schöner ist sie. Sorgen Sie also für eine kräftige Hautdurchblutung, um Ihrer Haut den samtartigen Glanz zu erhalten, der sie so begehrenswert macht.

Die Sonne: Der Motor unseres Lebens

Als eine bekannte Pariser Schauspielerin einmal gefragt wurde, wie sie es angestellt habe, sich ihre sprichwörtliche Schönheit und die Glätte ihres Teints bis ins hohe Alter zu erhalten, antwortete sie: »Ich bin stets der Sonne aus dem Wege gegangen.« Unsere Generation, deren Schönheitsideal die gebräunte Haut ist, dürfte über dieses Schönheitsrezept die Nase rümpfen, denn mit einem gewissen Neid betrachten wir Frauen, die von ihrem Urlaub an der See oder im Gebirge gebräunt zurückkehren. Und Sie selbst werden es ja auch schon als wunderbar erquickend empfunden haben, in der warmen Sommersonne Ihre Glieder auszustrecken.

So wie der wärmende Sonnenstrahl das pflanzliche Leben aus dem Boden zaubert, so fördern Licht und Wärme auch die Lebensvorgänge im menschlichen Körper. Die Gift- und Ermüdungsstoffe, die dauernd im Organismus entstehen, werden durch die Sonnenstrahlen mit dem Schweiß an die Oberfläche geholt und durch die desinfizierende Kraft des Sonnenlichtes zerstört. Deshalb sollten Sie jede Möglichkeit zum Sonnenbaden ausnutzen; aber werden Sie niemals so eine fanatische Sonnenanbeterin, die wie eine gesalbte Mumie in der Sonne liegt und im Herbst ihre lederartig gegerbte Haut beweint.

Soll das Sonnenbad eine schöne, gleichmäßige Bräune hervorrufen, so beginnen Sie zunächst mit fünf Minuten. Das Sonnenöl (Irisöl) reiben Sie mindestens eine Viertelstunde vorher ein, damit es genügend Zeit hat, von der Haut aufgesogen zu werden. Es bleibt nämlich sonst auf der Oberfläche, wird ranzig und verursacht Hautschäden. Wenn Sie nervös sind, dann müssen Sie mit jedem Sonnenbad sehr vorsichtig sein; außerdem ist eine kalte Dusche hinterher für Sie verboten. Am gesündesten ist es, wenn Sie sich nicht in die Sonne legen, sondern herumlaufen.

Im Frühjahr beginnen Sie zuerst mit der Bräunung der Beine. Sie bräunen sowieso langsamer als der übrige Körper, und außerdem stellt sich der Organismus dadurch allmählich auf das spätere Sonnenbad ein. Wenn Sie dann im Sommer ohne Strümpfe laufen, wirken Ihre Beine besonders attraktiv. Vor dem Sonnenganzbad reiben Sie auch das Gesicht mit dem Sonnenschutzöl ein. Die Augenpartie muß besonders gegen Fältchenbildung geschützt sein. Es ist daher ratsam, zusätzlich eine Sonnenbrille aufzusetzen.

Sollten Sie trotzdem einmal zuviel Sonne erwischt haben, dann tragen Sie öfters eine Feuchtigkeitsemulsion auf. Außerdem können Sie mit Hilfe von Ölpackungen Ihrer Haut die Glätte wieder zurückgeben.

Eine Haut mit geplatzten Äderchen darf nicht der direkten Sonnenbestrahlung ausgesetzt werden, ebenso ist bei sehr zarter, trockener und empfindlicher Haut Vorsicht am Platze. Maßhalten ist hier oberstes Gebot.

Hautpflege von innen: Die richtige Ernährung

Wie Sie sich denken können, lebt die Haut nicht isoliert, sondern hängt mit dem ganzen Organismus eng zusammen. Deshalb ist auch die gesunde Ernährung für eine Haut, die schön sein soll, von ausschlaggebender Bedeutung. Achten Sie bitte darum vor allem auf eine vitaminreiche Nahrung.

Ein Glas Gurken-, Tomaten-, Orangen- oder Grapefruitsaft morgens auf nüchternen Magen getrunken wirkt Wunder. Essen Sie nach Möglichkeit viel Pumpernickel, das ist ein sehr vitaminreiches Brot. Je weniger Gewürze Sie zu Ihren Speisen nehmen, desto besser ist das für Ihren Teint.

Zu viele Zigaretten setzen die Hautdurchblutung herab und machen das Gesicht müde und welk. Zu Ihrem Trost aber sei gesagt, daß nach Aussage der Ärzte sechs Zigaretten täglich bei gesunder Lebensführung nichts schaden.

Wenn Sie meine Ratschläge zur Hautpflege und meine Diätvorschläge in diesem Kapitel gewissenhaft befolgen, werden Sie stets eine gesunde Haut haben – die beste Grundlage für das ideale Make-up, denn die gesunde Haut wird immer der Schlüssel zur Schönheit sein.

Schönheit aus der Retorte: Die Kunst des Make-ups

Schönheit hat immer etwas mit Geheimniskrämerei zu tun. Frauen verraten im allgemeinen ihre langerprobten Rezepte genauso ungern wie die Adresse ihrer Schneiderin oder gar die Telefonnummer ihres Liebhabers. Seit Jahrtausenden duftet es in Tiegeln und Töpfen nach allen möglichen Ölen und Kräutern, und die erfahrensten Kräuterweiblein wurden einst sogar als Hexen verbrannt, weil sie allzugut wußten, wie man Herzen behext, Männer bezaubert und Schönheitstränke braut.

Die moderne Chemie kennt keine Geheimniskrämerei mehr. Sie hat die Wissenschaft, die sich mit der Verschönerung der Frau beschäftigt, auf klare Formeln gebracht, und die »Elixiere des Teufels« glitzern heute in der Retorte.

In meinem Vorwort habe ich bereits gesagt, daß ich mich seit meiner jüngsten Jugend mit Kosmtikfragen beschäftige und die seltensten Rezepte der Welt, und auch die besten der Welt, gesammelt und selbst erprobt habe. Da ich aber nicht bin wie jene, die ihre besten Rezepte für sich behalten, öffne ich meine Geheimschatulle – dieses Buch enthält meine Rezepte und Ratschläge. Befolgen Sie sie eifrig, bedenken Sie, daß jeder Tag und jede Stunde, ja jede Minute, die Sie freudlos leben oder sich zur Qual machen, völlig vertan ist!

Das Make-up ist die sorgsame Kunst, Ihre Schönheit ins richtige Licht zu setzen. Dabei müssen Sie alles das, was Sie vorteilhaft erscheinen läßt, unterstreichen und hervorheben, alles Unvorteilhafte aber abschwächen oder noch besser beseitigen. Ein gutes Make-up kann Jahre zum Verschwinden bringen und Ihnen eine zeitlose, gepflegte Schönheit verleihen, die Ihnen sowohl im beruflichen Fortkommen als auch in Ihrer privaten Sphäre Erfolg verschafft.

Erkenne dich selbst

Betrachten Sie sich zunächst einmal eingehend und kritisch im Spiegel. Was ist unschön in Ihrem Gesicht, was soll hervorgehoben und was soll abgeschwächt werden? Was sind Sie für ein Typ, ist Ihr Gesicht breit oder schmal? Wollen Sie, daß Ihre Stirn höher wirkt, ist Ihr Kinn zu wenig ausgeprägt und soll es stärker betont werden? Müssen die Schatten unter den Augen verschwinden und die eingefallene Wangenpartie überdeckt werden? Wollen Sie den Ausdruck Ihrer Augen vertiefen und Ihre fahlen Wimpern verdunkeln? Soll Ihre breite Nase schmäler oder Ihre unsymmetrische Lippenpartie ausgeglichen werden? Auch gegen lange Nasen und eckige Konturen gibt es Mittel. Prüfen Sie das alles gewissenhaft und stellen Sie Ihre Plus- und Minuspunkte fest. Aber schauen Sie sich so kritisch an, als würden Sie eine gute Freundin betrachten. Erforschen Sie Ihr Gesicht erbarmungslos, denn Sie wollen ja schöner werden und Ihren Typ, Ihre individuelle Persönlichkeit hervorheben. Versuchen Sie nicht, sich nach dem Vorbild eines bestimmten Film- oder Bühnenstars herzurichten! Selbst wenn Sie diesem Vorbild aufs Haar gleichen sollten, würden Sie durch eine plumpe Nachahmung doch nur Ihre eigene Note verlieren! Sie wären eines der vielen nichtssagenden Klischees, wie sie heutzutage die Großstädte bevölkern.

Wie ist Ihre Gesichtsfarbe?

Kosmetikexperten haben erklärt, daß die Farbe unseres Gesichts in drei große Klassen einzuteilen ist:

1. *Gelblich.* Der warme Typ reicht von der undurchsichtigen, cremefarbenen Haut über die dunklen Elfenbeintöne bis zum tief brünetten Teint.

2. *Rosig.* Der kühle Typ schließt den empfindlichen, rosigen, den rötlichen, den blütenfarbenen und den bläulich schimmernden Typ mit ein.

3. *Neutral.* Dieser Typ ist weder ausgesprochen gelb, noch rosig; er umfaßt sowohl den matten Teint mit wenig Tönung als auch den olivfarbenen mit den grünlichen Untertönen, die für die romanische Abstammung charakteristisch sind.

Welche Kleiderfarben verändern Ihren Teint?

Machen Sie ein Experiment. Sammeln Sie Papierstückchen in verschiedenen Farben, einschließlich der jeweiligen Zwischentöne – sanfte und lebhafte, helle und dunkle – und halten Sie jedes einzeln an Ihr Gesicht. Dabei werden Sie bemerken, daß Ihnen nur die Töne gut stehen, die mit Ihrem eigenen Teint harmonieren:

Gelblicher Teint verträgt sich mit Gelb, Rot, Orange, Gelbrosa, Beige und einem warmen Braun.

Rosiger Teint paßt zu Blau, Blaugrün, Violett, Rosa und Rotblau.

Neutrale Haut verträgt sich mit warmen und kalten Farben.

Sollten Sie durch die vielen Farbeffekte verwirrt sein, so können Ihnen vielleicht nachstehende Fingerzeige helfen:

Wenn Ihr Teint z. B. gelblich ist, so sollten Sie ein kräftiges Blau oder Rotblau vermeiden, weil diese Farben Gelb zu sehr hervorheben.

Ist Ihr Teint rot, so vermeiden Sie Grün.

Ist Ihr Teint blaß, so tragen Sie niemals Purpurrot, Fuchsrot oder Kirsch, diese Farben geben Ihnen ein krankhaftes grünliches Aussehen.

Ist Ihr Teint blaurot, dann verbannen Sie Blaugrün aus Ihrer Garderobe, das würde ihn noch röter machen.

Eine stark gelbliche Haut wirkt weniger gelb, wenn Gelbrot, Orange, Rost- oder Rotbraun getragen wird. Einem hellgelben Typ schmeicheln grüne Nuancen. Röte wird durch ein stumpfes Purpur, Weinrot, Orange und Rotbraun neutralisiert. Eine blasse, grüngelbe Gesichtsfarbe wird hübscher durch ein zartes Grün.

Lebendige Farben und helle Tönungen lassen eine stumpfe Gesichtsfarbe noch stumpfer und schmutziger erscheinen und lenken die Aufmerksamkeit auf vorhandene Hautfehler. Gans besonders gilt dies für glänzende Stoffe.

Grauer Teint dagegen wirkt klarer gegen dunkle, sich unterordnende Farben.

Schwarz unterdrückt jede Farbe und macht den Teint blasser. Es paßt gut zu reiner, milchweißer Haut und zu einer Haut mit gesunder Tönung. Bei blassem Teint sollte man Schwarz lieber meiden.

Weiße und helle Farbschattierungen reflektieren das Licht. Besonders bei fleischfarbenen Tönungen scheinen Sie Ihrem Gesicht mehr Farbe zu geben, aber ohne den schmeichelnden Glanz einer weichen Haut.

Es gibt auch Farben, die unerwünschte Flecken auf Ihrem Gesicht hervorrufen oder bereits vorhandene unterstreichen. Leuchtendes Gelbgrün oder auch Violett lenken die Aufmerksamkeit auf gerötete Augenlider und betonen Vertiefungen und Runzeln.

Wenn Sie solchermaßen Ihr Gesicht genau studieren, werden Sie schnell die Make-up-Technik anzuwenden wissen.

Die Technik des Make-ups

Erwarten Sie von mir kein noch nie enthülltes Wundermittel. So etwas gibt es nicht. Aber den Schlüssel zum wirklichen Erfolg, den kann ich Ihnen geben.

Vor allem müssen Sie sich vor jedem kosmetischen Zuviel hüten; ein junges Gesicht wirkt sonst vielleicht alt und ein altes wird zur Clownsmaske. Also dünn auftragen! Denken Sie daran, daß Sie Ihre Haut ja nur verschönern wollen; man muß sie also immer noch sehen können. Die lebendige Haut darf auch durch das Make-up nichts anderes als strahlende Frische bekommen.

Und noch ein zweites Geheimnis: Zum Make-up, und überhaupt für die ganze kosmetische Pflege, nur gute Markenartikel verwenden! Ihre Haut wird es Ihnen danken und die Mehrkosten werden sich durch Ihren persönlichen hundertfachen Erfolg bezahlt machen.

Die Requisiten des Make-ups

Wenn Sie Ihr Gesicht genau erforscht haben, dann stellen Sie sich das Handwerkszeug des Make-up wie folgt zusammen:

Reinigungscreme
Gesichtswasser
Fett- oder Halbfettcreme
Teintbasis
Handspiegel
Kamm und Bürste
Wimpernbürstchen
Augenlidschminke

Puder in verschiedenen Tönungen
Lippenstifte in verschiedenen Farben
Augenbrauenstifte
Wimperntusche
Tempotücher
Rouge in verschiedenen Farben

Achten Sie bitte dabei genau darauf, daß Puder, Lippenstift und Rouge zu der Farbnuance Ihres Teints, zur Haarfarbe und zur Farbe Ihrer Augen passen. Vergleichen Sie auch den Farbton Ihrer Schultern mit der Farbe Ihres Make-ups. Die Haut der Schultern ist farblich konstanter und vielfach natürlicher als die Haut des ständig dem Wetter ausgesetzten Gesichtes. Eine gröbere Haut soll in der Wirkung zarter, eine übermäßig zarte Haut kräftiger werden. Denken Sie auch daran, daß das abendliche Kunstlicht völlig andere Tönungen verlangt als das Tageslicht.

Wenn Sie Make-up auflegen, dann beachten Sie bitte stets folgende Regeln:

1. Der Beginn muß immer die gründliche Reinigung (mit einer Reinigungscreme oder mit Blütenregen) sein.
2. Ihre Teintbasis muß mit Ihrer Hautfarbe harmonieren und sollte immer nur als leichter Schleier Ihre Haut bedekken. Tragen Sie deshalb von Ihrer Teintbasis kleine Tupfer auf Gesicht, Hals und Dekolleté auf, verteilen Sie sie gleichmäßig und vergessen Sie nicht, die winzigen Fältchen um Mund, Augen und Nase zu berücksichtigen.
3. Nehmen Sie jetzt bitte das Rouge zur Hand. Setzen Sie eine Kleinigkeit auf den Jochbogen (nicht ganz unter die Mitte der Augen) und verteilen Sie das Rouge bis zum Ohr hin und auch ein wenig nach unten; die Konturen müssen sorgfältig verwischt werden.
4. Der nun folgende Puder verleiht Ihrer Haut das Weiche und Zarte eines liebenswerten Anblickes. Kunstgerecht pudern Sie sich, wenn Sie mit einem sauberen Wattebausch den Puder sanft andrücken, gleichmäßig verteilen und jedes Zuviel sofort wieder entfernen.
5. Die Augen, der ausdrucksfähigste Teil Ihres Gesichtes, verlangen besondere Aufmerksamkeit. Etwa in der Mitte des Lides tragen Sie bei halbgeschlossenem Auge den Lidschatten

auf und verteilen ihn nach oben und unten. Etwas Fettcreme oder ein Hauch von Rouge geben tagsüber eine bessere Wirkung; das Auge erhält dadurch einen warmen Schimmer von jugendlicher Frische und Lebendigkeit.

Das obere Augenlid nicht überpudern!

6. Mit einem spitzen Augenbrauenstift ziehen Sie eine dünne Linie dicht über den Wurzeln der Wimpern des oberen Augenlids, die ein wenig neben dem äußeren Augenwinkel endet. Somit sind nur die Wimpernwurzeln gefärbt. Jede überschüssige Farbe muß mit dem sauberen Finger vom Lid entfernt werden.

7. Als Wimperntusche verwenden Sie stets nur ein wasserfestes Präparat oder eine Paste. Nur wenn Sie spärliche oder farblose Wimpern haben, färben Sie auch die Wimpern des unteren Lids leicht ein. Tuschen Sie die Wimpern stets von der Wurzel zur Spitze.

8. Ihre Augenbrauen bürsten Sie erst gegen, dann mit dem Strich, um ihnen eine saubere Linienführung zu geben. Mit einem Augenbrauenstift ziehen Sie sie nach – aber bitte nur die Haare färben und nicht die Haut.

9. Weiße Haare, Unebenheiten und kahle Stellen beeinträchtigen den sauberen Bogen der Brauen. Sie werden mit einem weichen, spitzen Augenbrauenstift von gleicher Farbe ausgeglichen.

10. Der Mund und seine Formen bestimmen so sehr den Ausdruck des Gesichtes, daß Sie hier ein besonders sorgfältiges Make-up auflegen müssen. Schließen Sie leicht die Lippen und umranden Sie die oberen Lippenkonturen mit einem Pinsel. Ziehen Sie dann eine kräftige Linie um die Oberlippe und in sanftem Schwung zu den Mundwinkeln hinab. Wenn Sie das gleiche mit der Unterlippe gemacht haben, dann sind Sie mit dieser wichtigen Partie fertig.

Jetzt öffnen Sie die Lippen ein wenig, ziehen die Umrandung noch einmal sorgfältig nach, füllen den Zwischenraum mit etwas Lippenstift aus und lassen das Lippenrot fünf Minuten lang einziehen. Dann tupfen Sie die überschüssige Farbe ab und überpudern sie leicht, um das Lippenrot haltbarer zu machen. Wenn Sie jetzt noch einmal etwas Lippenrot auftragen, bekommen Sie besonders glänzende Lippen. Zum Schluß werfen Sie einen letzten Blick in den Spiegel, bürsten alle Puderspuren aus dem Haaransatz, entfernen etwaige Wimperntuschflecke und noch vorhandene winzige Mängel und dann: Hände hoch, damit kein Fingerabdruck mehr Ihr Make-up beeinträchtigt.

Auch Sie möchten schöner aussehen als Sie sind

Fotografen pflegen ihre Aufnahmen zu retuschieren, um die darauf abgebildeten Personen schöner erscheinen zu lassen, als sie in Wirklichkeit sind. In der gleichen Weise können Sie durch Kosmetik mit ein bißchen Geschick Ihr Aussehen veredeln. Die beste Art und Weise, um herauszufinden, welcher Weg für Sie der richtige ist, besteht darin, die eine Hälfte Ihres Gesichtes natürlich und ungeschminkt zu lassen und die andere mit einem Make-up zu behandeln. Halten Sie sich dabei jedoch so weit wie möglich an die Natur, vermeiden Sie jede Übertreibung. Achten Sie darauf, daß Schatten und Aufhellungen stets unmerklich in die sie umgebenden Hauttöne übergehen. Vergewaltigen Sie nie eine charakteristische Linie in Ihrem Gesicht.

Wenn Sie dann die richtige Methode gefunden haben, üben Sie so lange, bis Sie sie völlig beherrschen. Im folgenden gebe ich Ihnen einige Tips, wie Sie Ihr Gesicht veredeln und evtl. vorhandene Mängel ausgleichen können.

Kosmetische Tricks

Mit Hilfe der kosmetischen Mittel können Sie eine Menge kleiner und großer Wunder an Ihrem Aussehen hervorzaubern. So können Sie z. B. durch einen hellen Spiegel und einen ehrlichen Blick Ihr Gesicht nach Wunsch umformen. Die richtige Geschicklichkeit bekommen Sie allerdings erst nach einiger Praxis.

Keine Frau, die heute im Leben eine Rolle spielen will, kann an den Schönheitsmitteln der modernen Kosmetik vorbeigehen; aber sie müssen auch vernünftig angewendet werden, denn nichts verändert Ihr Gesicht grundlegender – zu Ihrem Vor- oder Nachteil – als die Art und Weise, wie Sie die Farben des Make-ups verwenden. Ihrer persönlichen Farbskala – nämlich der Farbe Ihrer Augen, Ihrer Haare und Ihrer Haut – fügen Sie die Farbe des Make-ups und die Farbe Ihrer Kleidung hinzu. Nur wenn Sie diese Farben richtig aufeinander abstimmen, wird Ihr Haar leuchten, die Färbung Ihrer Augen sich vertiefen und Ihre Haut strahlender erscheinen. Sie werden frischer aussehen, besser angezogen wirken und hübscher sein. Und das hat zur Folge, daß Sie sich glücklicher, ausgeglichener und zufriedener fühlen werden. Das Schwierigste daran ist, die Formel zu finden, die dieses Wunder vollbringt.

Ihre natürlichen Farben sind ebenso einmalig wie Ihr Fingerabdruck. Niemand vermag sie genau nachzuahmen. Sie bleiben auch nicht immer gleich, sondern wechseln mit Ihrer Gesundheit, dem Wetter und Ihrem Alter. Deshalb gibt es auch kein Schema, das Sie nun täglich und Ihr Leben lang anwenden könnten. Aber es gibt einige grundsätzliche Prinzipien, die man immer einhalten sollte und die auch die Wahl der kosmetischen Hilfsmittel erleichtern.

Ihrem Typ dürfen Sie niemals untreu werden

Nichts leistet Ihnen bei der Farbzusammenstellung Ihrer Garderobe bessere Dienste als eine farbige Teintbasis. Wenn das violette Kleid, das Sie in einem optimistischen Moment kauften, aus Ihrem Gesicht eine safrangelbe Maske macht, wenn das gute Schwarzseidene Sie älter erscheinen läßt, als es wünschenswert wäre, dann versuchen Sie es mit einer rosigen Teint-Grundierung. Leuchtet Ihr Gesicht über der smaragdfarbenen Bluse rot wie Klatschmohn, dann grämen Sie sich nicht – ein sandelfarbenes Make-up wird diese unerwünschte Wirkung bannen.

Eine klug gewählte Grundierung bedeutet erste Hilfe für jede schwierige Haut. Bleicher Gesichtsfarbe verleiht sie Blütengleichheit. Sommersprossen und Äderchen versteckt sie und schaltet viele Probleme aus, die die Auswahl der Kleidung beeinträchtigen. Die Grundierung muß dunkel genug sein, um zu wirken. Eine Schattierung auf Ihren Wangen oder um die Augen, die sich wunderbar zu einem beigefarbenen Kleid ausnimmt, wird weniger glücklich zu mauve- oder lavendelfarbener Garderobe gewählt sein. Den Erfolg, den Sie mit Hilfe Ihres Make-up auf der abendlichen Gesellschaft hatten, werden Sie mit der gleichen Aufmachung niemals bei einem Tennisturnier erzielen, sondern nur albern wirken. Wenden Sie farbige Tönungen klug und vorsichtig an, haben Sie immer mehrere zur Hand und nehmen Sie die Mühe in Kauf, die ihre nützliche und geschmackvolle Anwendung Ihnen auferlegt.

Während bei unseren Großeltern noch die Begriffe »durchscheinend«, »zart« und »ätherisch« in Bezug auf das interessante Aussehen einer Frau im Vordergrund standen, sind sie heute nicht mehr modern. Anstatt wie eine Wachspuppe auszusehen, konzentriert man sich heute darauf, eine reine, frische Haut zu haben. Wir leben ja heute im Zeitalter des Sports und lieben den Aufenthalt in frischer Luft. Aber die Haut muß einen samtenen Schimmer haben, der ihr ein leuchtendes und klares Aussehen verleiht. Vergewissern Sie sich daher, daß der Puder, den Sie benutzen, weder dunkler noch heller ist als Ihre Haut. Merken Sie sich eines: Das jeweilige Make-up ist immer ganz individuell und sehr persönlich.

Weil ein unauffällig zurechtgemachtes Gesicht zarter, weiblicher und vornehmer wirkt als ein »aufgedonnertes«, tragen Sie das Rouge nur andeutungsweise und ebenfalls im jeweilig passenden Ton auf. Das gilt besonders für den Abend. Dafür dürfen Sie aber bei Nagellack und Lippenstift besonders viele leuchtende und hübsche Töne benutzen, wenn sie nur mit Ihrer Garderobe harmonieren.

Make-up für Brünette

Der Reiz der brünetten Frau basiert hauptsächlich auf dem Farbkontrast: dunkles Haar steht gegen den klaren, hellen Teint des Gesichtes. Jede kleine Abweichung davon beeinträchtigt die Gesamtwirkung.

Darum seien Sie streng mit sich selbst, wenn Sie brünettes Haar haben, und versuchen Sie stets untadelig auszusehen. Schenken Sie nicht nur Ihrem Make-up größte Aufmerksamkeit, sondern auch Ihrer Ernährung.

Bei den brünetten Frauen unterscheidet man in der Regel zwei Typen. Die einen haben braune Augen, dunkles Haar und gelbliche Haut vom hellen Elfenbein bis zum dunkelsten Topas. Wenn Sie zu dieser Gruppe gehören, wählen Sie für Ihr Make-up warme Töne, die Ihrer natürlichen Hautfarbe so nah wie möglich kommen. Nehmen Sie für Lippen und

Fingernägel ein klares Rot. Vertiefen Sie die Schönheit Ihrer Augen mit schwarzer Tusche und grünen Lidschatten. Manchmal machen auch blaue Lidschatten braune Augen ausdrucksvoller.

Der zweite Typ der Brünetten hat braune Haare und Augen und eine sehr zarte, rosige Haut. Für sie paßt eine rosige Teintgrundierung, die nicht dunkler sein darf als Ihre natürliche Hautfarbe. Für die Lippen und Nägel kann ein bläuliches Rot die richtige Tönung sein. Schwarze Wimperntusche und blaue oder violette Lidschatten geben den Augen dieses Typs Tiefe und Feuer.

Make-up für Blonde

Ganz gleich, ob Ihr Haar flachsblond, goldblond oder aschblond ist, immer ist eine Aura um Sie, die eine besondere Anziehungskraft besitzt. Wenn Sie blond sind, liebe Leserin, müssen Sie darauf achten, daß weder Fett noch Schmutz diesen Eindruck trüben.

Es gibt Blondinen, die eine matte, milchige Haut haben, die gleichmäßig gefärbt ist und sehr lange schön bleibt. Sie wird auch niemals sommersprossig. Für sie genügt nur ein Hauch von Creme oder Schminke, um sie zu vervollkommnen und zu schützen. Carminrotes Rouge und gleicher Lippenstift und Nagellack harmonieren mit ihr. Für die Wimpern nur braune oder blaue Tusche verwenden. Betonen Sie Ihre blauen Augen mit einem Hauch von blauem Lidschatten.

Dann gibt es noch Blondinen, die eine sehr dünne und anfällige Haut haben. Sie wird leicht rot, rauh und fleckig und ist anfälliger für Fältchen. Nur standhafte Pflege, häufiges Eincremen und jede Art von Sorgfalt bewahren ihren Liebreiz. Blondinen dieses Typs müssen eine Teintbasis wählen, die ein wenig lebendiger ist als ihr eigener Hautton. Für sie sind goldrote Töne für Rouge, Lippenstift und Nagellack ausgezeichnet. Aber sie dürfen auch rosige Schattierungen für ihr Make-up benutzen.

Um die Farbe ihrer Augen zu intensivieren, müssen diese Blondinen graublaue Lidschatten auftragen, und sie dürfen für Wimpern und Brauen nur braune Töne benutzen.

Bevor ich nun meine Ausführungen zu dem so wichtigen Thema Make-up beende, möchte ich Sie mit einem wirksamen Rezept bekanntmachen, das aber nicht allzu häufig angewendet werden sollte.

Die Blitzkur

Verehrte Freundin, stellen Sie sich folgende Situation vor: Sie haben den ganzen Tag gearbeitet, sind abgespannt und freuen sich nun auf Ihre abendliche Ruhe. Da ruft um fünf Uhr ein guter Freund an! Er möchte heute abend mit Ihnen ausgehen. In Ihrer Begeisterung sagen Sie spontan ja, dann aber schauen Sie in den Spiegel – und bereuen es sofort. Der ganze Tag voll Hetze, Hast und Ärger hat seine Spuren hinterlassen. Nur ausgiebiger Schlaf könnte sie tilgen. Und – Sie wollen doch auch schön sein, ganz besonders für ihn. Für diesen Fall, wenn die Nerven schon leicht zu zittern beginnen, schlage ich folgendes vor:

Sie reinigen Ihr Gesicht mit einer Creme oder einem Gesichtswasser gründlich. Dann binden Sie sich die Haare zurück, damit Sie Ihr Gesicht auch wirklich genau untersuchen können.

Verschiedene Mängel können in Ihrem Gesicht vorhanden sein, die Sie jedoch mit den folgenden Schnellkuren zu beseitigen imstande sind: Ihr Gesicht ist im Laufe des anstrengenden Tages müde und schlaff geworden. Die Krähenfüße um die Augen und die Fältchen am Mund müssen verschwinden. Gegen diese Fehler müssen Sie etwas tun, denn Sie wollen ja untadelig, jugendlich und schön aussehen, wenn Sie am Abend ausgehen.

Die belebende Eiweißmaske

Sie schlagen ein Eiweiß zu Schnee (das Eigelb heben Sie sich für nachher auf) und fügen 10 bis 12 Tropfen Zitrone hinzu. Diesen Schnee tragen Sie auf Ihr Gesicht auf und lassen ihn eintrocknen. Das dauert ein paar Minuten. Dann waschen Sie alles sauber mit viel lauwarmem Wasser ab. Durch die Verbindung von Zitrone und Eiweiß wird die Haut wieder straff gespannt.

Damit ist Ihre Haut wieder rein geworden, und nun legen Sie noch eine heiße Kompresse auf, danach eine kalte und dann trocknen Sie sich ab. Zum Schluß cremen Sie Ihr Gesicht mit einer Nährcreme leicht ein oder tragen Sie hauchdünn ein Straffungsgel auf.

Das Ganze hat bis jetzt kaum 30 Minuten gedauert. Haben Sie noch weitere fünf Minuten Zeit, dann rate ich Ihnen unbedingt noch zu einer Abreibung des Körpers mit einer halbharten Wurzelbürste. Ihr Körper fängt danach an zu prikkeln, und der Kreislauf wird angeregt. Sie verspüren ein außerordentliches Wohlbehagen und glauben, um fünfzehn Jahre jünger zu sein.

Nachdem Sie so Ihre Haut erfolgreich, wenn auch etwas radikal überholt haben, können Sie nun Ihr Werk krönen – fügen Sie den inneren Glanz hinzu.

Ruhen Sie sich zwanzig Minuten völlig entspannt in einem verdunkelten Zimmer aus und versuchen Sie, an nichts zu denken. Dazu legen Sie sich kalte Kompressen auf, die Sie vorher in kalten schwarzen Tee getaucht haben. Dieses Rezept habe ich aus China, wo es zu den Überlieferungen der Schönheitspflege gehört und angewandt wird, um den Augen einen Abend lang einen warmen, reinen Glanz zu geben.

Nun folgt das übliche Make-up. Bedenken Sie dabei jedoch, daß Sie sich für den Abend schön machen. Das Kunstlicht ist härter und kälter als das Sonnenlicht; es ist ein unbarmherziges Licht, das alle Konturen und alle weichen Farben verschluckt. Leider kennt unsere Zeit den warmen Schein der Kerzen nicht mehr, der schmeichelt, verschönt und verjüngt. Wir müssen uns dem harten, meist außerordentlich starken Kunstlicht aussetzen, dem nur starke Farben auf Lippen und Wangen standhalten können.

Sind Sie nun auch noch mit Ihrem Make-up fertig, dann werden Sie sehen, wie strahlend und schön Sie geworden sind. Und im Schimmer dieses inneren und äußeren Glanzes können Sie jetzt unbesorgt zu Ihrem Rendezvous gehen. Den arbeitsreichen Tag sieht Ihnen niemand mehr an – der Abend wird für Sie ein Erfolg werden!

Und nicht nur dieser eine Tag wird für Sie erfolgreich werden, sondern Ihr ganzes Leben wird erfolgreicher verlaufen, wenn Sie meine Ratschläge sorgfältig und aufmerksam befolgen. Ihre Hemmungen werden verschwinden, Selbstvertrauen und Sicherheit in der Öffentlichkeit und in Ihrem Privatleben werden Sie zu einer unwiderstehlichen »Frau ohne Alter« werden lassen.

»Zeigt her eure Füßchen ...«

Als Kinder sangen wir dieses Lied, und als Kinder konnten wir auch unsere Füßchen noch herzeigen. Sie waren rosig, unverbildet und wohlgeformt. Aber heute? Die meisten Füße zeigen Spuren von Mißhandlungen, die wir ihnen in unserer Jugend zugefügt haben. Es ist etwas sehr Merkwürdiges: Jeder Mensch weiß und spürt es ja auch – auf die Füße kommt es an! Und trotzdem werden gerade sie am stiefmütterlichsten behandelt. Sogar elegante Frauen sind oft gleichgültig gegenüber ihren Füßen und vernachlässigen sie.

Ich kannte eine sehr schöne Frau, die allerdings noch in den achtziger Jahren des vorigen Jahrhunderts jung gewesen ist. Sie hatte in ihrer Jugend viele Verehrer – und im Alter viel Humor, denn ich habe sie lachend sagen hören: »Welch ein Glück, daß ich jung gewesen bin, als wir noch die Mode der langen Röcke hatten. Heute hätte ich sicher keinen Mann mehr bekommen. Mein schwacher Punkt sind und waren meine viel zu starken Beine.«

Nun, wenn auch bei dem Aussehen, dem Witz und dem Esprit dieser Dame diese Furcht unbegründet ist, so hatte sie doch recht, denn die Männer achten heute alle auf die Beine einer Frau. Es geht den meisten damit so wie mit einem spannenden Kriminalroman, sie sind immer ein bißchen zu sehr auf die Fortsetzung gespannt ...

Stellen Sie sich einmal vor den Spiegel und schauen Sie sich Ihre eigenen Beine an. Vielleicht finden sie bei genauer Betrachtung allerhand an ihnen auszusetzen. Das aber ist noch kein Grund zur Verzweiflung, denn man kann heute zur Pflege der Beine eine ganze Menge tun. Man kann massieren, epilieren, Gymnastik treiben, die richtigen Schuhe und Strümpfe aussuchen, kurz, man kann immer etwas unternehmen, um einen vollen Erfolg »auf die Beine zu stellen«.

Beingymnastik und Massage

Haben Ihre Beine größere oder kleinere Fehler, die formbedingt sind, dann läßt sich viel zu deren Beseitigung unternehmen. Sind die Beine im ersten, zweiten oder letzten Drittel zu dick, oder gar in allen dreien, dann heißen die Kampfmittel: Spezial-Beingymnastik, Massage, Wasserbehandlungen oder Essigwickel.

Es gibt allerlei wirksame Übungen, um die Beine kräftiger und schlanker zu machen; sie werden nur meist nicht akzeptiert, weil sie nicht schon bei der Lektüre wirksam werden. Leider gehört es aber zu allen Übungen dazu, daß man sie auch regelmäßig anwendet, um Resultate zu erzielen.

Eine wichtige Übung, um schlanke Fesseln zu bekommen, ist z. B. diese: Morgens und abends mit nackten Füßen auf Zehenspitzen im Zimmer herumlaufen und die Treppen auf Zehenspitzen hinaufsteigen.

Sind die Beine nicht dick, sondern durch Überanstrengung geschwollen, dann ist die Schräglage auf dem Bügelbrett – der Kopf tiefer als die Füße – geradezu eine Wunderkur.

Bitte zweimal am Tag fünfzehn Minuten die Beine hochlegen, wenn möglich, vor dem Mittag- und vor dem Abendessen.

Die Frau, die zu einem schönen, gepflegten Gesicht auch schöne, gepflegte Füße haben will, muß zweierlei tun: Sie muß eine wöchentliche Fußmassage machen und täglich Roll- und Greifübungen ausführen. Wer einen Garten hat, kann sich darüber hinaus etwas Köstliches leisten: Barfuß im taufrischen Gras spazierenzugehen. Pfarrer Kneipp in Bad Wörishofen hat mit Recht das Tautreten am Morgen zu einem Bestandteil seiner Kur gemacht. Es ist ein wahres Geheimrezept, um uns jung, gesund und schön zu erhalten. Wer aber in der Großstadt lebt und keinen Garten hat, sollte wenigstens öfters auf einem nassen Scheuerlappen kräftig hin- und hertreten und barfuß über den Teppich laufen. Das ist immerhin noch eine recht gesunde Übung in der Stadtwohnung.

Außer den gymnastischen Übungen sind Massagen für zu dünne, zu dicke und unharmonisch geformte Beine außerordentlich erfolgversprechend – wenn sie regelmäßig ausgeführt werden. Die Wasseranwendungen der Kneipp-Kur und das Tautreten sind ebenso der Gesundheit und der Kräftigung der Beinmuskulatur wie der Beseitigung des überflüssigen Fettes sehr zuträglich, dazu das Spazierenlaufen in flachen, bequemen Schuhen. Bei Übergewicht des Körpers kann man für seine Beine jedoch nicht das geringste erhoffen, wenn man nicht imstande ist, sein Gewicht auf normale Höhe zu reduzieren.

Massagen sorgen für Durchblutung und wirken damit den Stauungen entgegen, die die geschwollenen »Säckchen« an den Knöcheln verursachen.

Die Fußgymnastik kräftigt den ganzen Fuß und gibt ihm den geschwungenen Spann, der zum idealen Typ gehört. Man sollte schon die Kinder anweisen, alles möglichst mit den Zehen zu greifen. Das Zehenkrümmen läßt sich bis zu einem ungeahnten Grad durchführen. Sonja Henie, der große Eislaufstar von Hollywood, verdankte z. B. ihre beispiellos gelenkigen Füße ihren mit Konsequenz durchgeführten Greifübungen. Sie stellte sich auf ein möglichst dickes Buch und versuchte, jeden Tag mit den Zehen weiter den Bücherrand hinunterzugreifen. Sie kam schließlich soweit, daß sie, wie sie scherzend sagte, »Kartoffeln mit den Zehen schälen« konnte.

Verweichlichte Füße brauchen Abhärtung. In verschiedenen Badeorten Skandinaviens und auch bei uns gibt es Gymnastiklehrerinnen, die den Badegästen, die über Schmerzen und Müdigkeit in den Füßen klagen, ziemlich mühsame Übungen verschreiben. Die Ärmsten müssen auf runden und eckigen Hölzern balancieren, müssen sie zwischen die Zehen und unter die Fußballen nehmen oder mit ihren verweichlichten Füßen über Kies und Steine laufen.

Aber das sind eben besonders gute Mittel, um sich gesunde Füße zu erhalten, mißhandelte wieder gesundzumachen und Fußdeformationen vorzubeugen. Wer sich gesunde Füße erhalten will oder seine mißhandelten Füße wieder in Form bringen will, der muß es sich auch erarbeiten. Dafür aber winkt ihm ein verheißungsvoller Lohn: Ein federnder Gang.

Apropos, können Sie gehen? Natürlich müßten Sie gehen können, wenn Sie Ihre Beine nach meinen Ratschlägen trainiert haben. Hier noch einige spezielle Übungen:

1. Legen Sie Ihr Telefonbuch oder ein anderes dickes Buch auf den Boden und stellen Sie sich barfuß mit den Zehenspitzen auf die Kante, die Arme nach vorne zur Balance ausgestreckt. Jetzt wippen Sie auf und ab, soweit es nur geht, ohne die Füße vom Buch zu nehmen.

Diese Übung ist wunderbar geeignet, um die Waden zu entwickeln oder schlanker zu machen. Bedenken Sie, daß solche Übungen reduzieren und auch aufbauen können. Die Natur scheint zu wissen, was in dem einzelnen Fall gerade gebraucht wird. Machen Sie diese Übung langsam zum Entwickeln und schnell zum Reduzieren.

2. Altbekannt, doch nie konsequent durchgeführt: Arme nach vorne ausstrecken und auf die Zehenspitzen gehen, dann mit den Fingerspitzen den Boden berühren, aber die Knie dabei durchgedrückt lassen. Diese Übung ist gut für die Gesamtmuskulatur.

3. Legen Sie sich auf den Boden, die Beine auf ein Bügelbrett, das Sie vorher gegen einen niedrigen Stuhl gelehnt haben. Lassen Sie die Füße fest am oberen Ende. Nun richten Sie sich zum Sitzen auf und legen sich wieder zurück, lassen die Arme aber immer seitlich am Körper. Diese Übung ist großartig geeignet, um die Oberschenkel zu verstärken – oder zu reduzieren.

4. Das Radfahren. Richtiges Radfahren ist natürlich am besten. Aber als Ersatz können Sie sich auch auf den Rücken legen und die Bewegungen des Radfahrens machen. Schneller Rhythmus macht die Beine schlanker, langsam ausgeführt stärkt diese Übung die Muskeln. Ausdauer wird immer mit Erfolg gekrönt.

Die Pediküre

Wünschen Sie, daß Ihr Mann von Ihren Fesseln gefesselt ist? Natürlich wünschen Sie es. Denken Sie daran, daß es nicht nur auf die Fesseln, sondern auch auf die schöne Haut der Beine ankommt. Man kann als Frau »Haare auf den Zähnen« haben. Das macht nichts, daran gewöhnt »er« sich und findet es am Schluß bezaubernd. Haare auf den Beinen zu haben ist jedenfalls eine Geschmacksfrage.

Beine, stark behaart, rauhhäutig, hühneräugig, mit verwachsenen häßlichen Nägeln verletzen das Schönheitsempfinden.

Neben den verschiedensten Enthaarungsmethoden ist die Anwendung der Wachsschicht, über die Sie sich in jedem Kosmetikgeschäft informieren können, die wirkungsvollste, weil sie das zu schnelle Nachwachsen der Haare etwas verhindert. Eine sachgemäße Pediküre, regelmäßig betrieben, ist daneben unbedingt erforderlich. Sie macht die Füße leistungsfähig und schön und hat den Vorteil, doppelt so lange vorzuhalten, wie die Maniküre.

Die Füße sollten genauso gepflegt sein wie die Hände. Der Nagellack ist am besten der gleiche wie der der Fingernägel oder auf dessen Farbe abgestimmt. Für die Schönheit und Geschmeidigkeit der Haut soll eine gute Creme mit Vitaminen oder Öl verwendet werden. Harte Stellen und Druckstellen auf den Zehen werden im täglichen Bad mit Bimsstein abgerieben. Beulen und rauhe Stellen, die durch das Tragen zu harter Schuhe entstehen, werden mit einer kräftigen Nagelbürste und Seifenschaum täglich gebürstet. In ein bis zwei Wochen ist die Haut dann zart, glatt und ohne Fehler!

Strümpfe als Bein-Make-up

Es gibt keinen größeren Schmeichler für Frauenbeine als den matten Schimmer zarter Strümpfe. Sie sind das raffinierteste Make-up, welches Fehler verdeckt und Glanz hervorzaubert, wo vorher nur Mittelmäßigkeit war. Für starke Beine sollte man zweckmäßigerweise dunkle, mattere Töne wählen, die schlanker machen und bessere Formen geben. Für Beine, denen es an Kurven mangelt, nimmt man besser helle, kräftige Hauttöne. Zaubern ist ja in unserem Zeitalter erlaubt, und Hexen werden nicht mehr verbrannt, sie gehen höchstens zum Film!

Schuhe machen den Gang

Große Frauenkenner lesen aus dem Gang doch allerlei heraus – habe ich mir sagen lassen. Darum tun Sie alles, um Ihren Gang schwingend, graziös, kokett und – vielversprechend zu machen.

Achten Sie darauf, daß Sie nicht irgendwo der Schuh drückt. Beim Schuhdrücken fängt nämlich unsere schlechte Laune und Unsicherheit an.

Ein hoher oder flacher Absatz – das dürfen nicht Sie, das muß Ihr Fuß entscheiden. Vom Standpunkt der Orthopäden ist der Vier-Zentimeter-Blockabsatz der gesündeste. Natürlich gibt ein hoher Absatz der Wade einen schöneren Schwung, aber nicht immer sind die Bewegungen oder der Gang der Trägerin auch voller Schwung. Im Gegenteil, sie gehen unsicher, knicken um, verhaspeln sich. Nicht umsonst spricht man von einem sicheren »Auftreten«. Hüten Sie sich davor, daß Ihr Auftreten zum mißglückten »Auftritt« wird, der ein vorzeitiges »Abtreten« erzwingt.

Wählen Sie ganz individuell die passenden Schuhe; Sie werden jünger und vorteilhafter wirken im Wesen und Gang.

Der größte Feind unserer Füße ist ein unsachgemäßes Schuhwerk. Ist es nicht schon schlimm genug, daß die Füße sowieso immer in Leder oder Wildleder stecken müssen und niemals atmen und sich so bewegen dürfen wie sie möchten? Muß man dieses Ledergefängnis auch noch so eng und kurz wählen, daß sich die Zehen verkrüppeln, daß sich Hornhaut und Schwielen bilden und uns, wenn wir abends den Schuh ausziehen und die armen, schmerzenden Füße betrachten, die Hühneraugen spöttisch entgegenblicken?

Bequeme Schuhe, der Form des Fußes angepaßt und niedrige oder halbhohe Absätze, das ist das Vernünftigste. Schuhe mit hohen Absätzen sind schön und passend für den späten Nachmittag oder für den Abend. Doch untertags sollten wir von der herrschenden Mode absehen und mehr auf die gute Paßform achten. Schuhwerk mit übermäßig hohen Absätzen, ständig getragen, bringt den gesamten Körper in eine falsche Lage. Die Füße verkrüppeln, da die Zehen fortwährend gegen den Schuhrand gepreßt sind, die Wadenmuskeln werden überanstrengt, die Knie gebeugt gehalten statt gestrafft. Verkrümmungen und Verbildungen sind oft die Folge einer solchen ganz falsch verstandenen Eitelkeit.

Warum wollen Sie denn aber auch so kleine Füße haben? Das entspricht gar nicht mehr unserer heutigen Zeit! Früher, ja früher, da konnte der Fuß einer Frau nicht klein genug sein. Und die Füße waren auch wirklich kleiner.

Ich entsinne mich der Adele-Sandrock-Ausstellung im Münchner Theatermuseum, die nach dem Tod der großen Schauspielerin veranstaltet wurde. Da waren winzige Schühchen aufgestellt, die sie in ihren Rollen auf der Bühne und in ihrem Leben getragen hatte – keine der Frauen, die die Ausstellung besichtigten, hätte diese Schuhe tragen können – und dabei war doch Adele Sandrock das Idealbild einer »stattlichen Erscheinung«!

Wir heutigen Frauen dürfen »auf ganz großem Fuß« leben, das machen der Sport und die berufliche Bestätigung. Wir haben es deshalb gar nicht mehr nötig, unsere Füße durch zu kleine Schuhnummern zu verkrüppeln. Die Witzblätter aller Jahrzehnte haben sich mit zu kleinen Schuhen beschäftigt und mit dem schmerzverzerrten Gesicht der Trägerin. So etwas Unvernünftiges sollte eine Frau, die wirklich schön sein will, vermeiden; es ist ja gar nicht so schwer, sich sachkundig beraten zu lassen.

Aber noch etwas ist zu bedenken: Nicht für alle Frauen eignen sich Sandalen oder Schuhe mit flachen Absätzen. Denn es ist notwendig, daß das Fußgewölbe durch eine geschwungene Sohle, die auch elastisch sein muß, gut unterstützt wird, sonst stellen sich nach einiger Zeit Schmerzen ein – und der Plattfuß ist da! Auch die herrlich weichen »ausgetretenen« Hausschuhe ohne oder nur mit angedeutetem Absatz sind gefährlich. Hausfrauen, die den ganzen Tag damit herumlaufen, können ihnen unter Umständen ihren Plattfuß verdanken.

Ihre Sünden an den Füßen …

… werden Sie am Körper büßen. Schlechte Blutzirkulation

stellt sich ein, die wiederum kalte Füße zur Folge hat. Zwischen Schwielen und aneinandergepreßten, verkrümmten Zehen können sich feuchte Stellen bilden, die die Haut immer mehr aufweichen. Ballenverdickungen treten auf, eingewachsene Nägel, Frostbeulen und Schwellungen an Knöcheln und Beinen.

Jeder Fußspezialist wird Ihnen bestätigen, daß Sie diese Schäden nur schwer wieder loswerden. Die Füße bedürfen, besonders wenn sie müde und schmerzhaft geworden sind, der besonderen Pflege durch Einlagen, Massagen und Gymnastik. Auch das tägliche Fußbad sollte für uns alle etwas Selbstverständliches sein.

Für Frauen sind Wechselfußbäder besonders geeignet. Sie sind ein wahrer Freund der Frauenschönheit, denn sie regen den ganzen Kreislauf an, beleben und beugen Erkältungen vor.

Ein Wechselfußbad sollte ungefähr zwanzig Minuten dauern und mit dem Abspülen im kalten Wasser enden. Kräftige Zusätze sind: eine Tasse Weinessig, eine Tasse Salz, ein Zinnkrautaufguß oder zwei Eßlöffel Senfmehl (in heißem Wasser aufgelöst).

Gegen feuchte und schwitzende Füße helfen tägliche Salzfußbäder. Strumpfwechsel ist selbstverständlich; aber keine Strümpfe anziehen, die schon einmal feucht waren und wieder getrocknet sind. Sie sind luftundurchlässig geworden, die Füße bleiben kalt und feucht, und schließlich hat man die schönste Erkältung.

Eine besondere Pflege benötigen die Fußnägel. Nach dem Baden sind sie am weichsten. Haben Sie so lange unpassendes Schuhwerk getragen, daß die Nägel verdickt und hart geworden sind, dann kann nur noch die Nagelfeile helfen. Durch das Feilen werden die Nägel allmählich dünner. Für Hornhaut gibt es besondere Hobler.

Die Maniküre

Schön gepflegte Fingernägel geben der Hand erst den letzten Schliff. Aber richtige Maniküre verlangt täglich ein paar Minuten und einmal wöchentlich eine halbe Stunde!

Man sollte nicht mit Feilen, Zangen und Stäbchen an seinen Nägeln herumbasteln, ohne etwas über ihre Konstitution zu wissen. Die Finger und Fingernägel bestehen aus derselben Substanz wie das Haar: aus Horn. Genau wie unser Haar wachsen auch die Nägel jeden Tag einen Zehntelmillimeter.

Die Nägel dienen zum Schutz der feinen Nerven des Tastsinnes, die in den Fingerspitzen enden. Um sie genügend zu schützen, muß der Nagel das Nagelbett ein wenig überragen.

Zum Handwerkszeug der Maniküre gehört als erstes die Nagelbürste, mit der wir nicht nur unter dem Nagelrand bürsten, sondern auch die ganze Nagelfläche: Die Blutzirkulation wird dadurch angeregt.

Eine traurige Angelegenheit sind »Trauerränder«. Das einzig richtige Verfahren, die Nägel zu reinigen, besteht darin, mit einem watteumwickelten Stäbchen aus Holz oder Horn den unteren Nagelrand richtig zu säubern. Danach ölt man den Nagel leicht ein und reibt mit einem Tuch nach.

Die gewünschte Form geben wir den Nägeln mit einer langen, elastischen Nagelfeile. Praktisch, schön und am gesündesten sind mandelförmige Nägel; sie schützen das Nagelbett am besten. Haben sich in den Ecken, am Nagelwall, harte Stellen gebildet oder will sich ein kleiner Hautfetzen dort loslösen, so zupfen wir beides mit der Hautzange weg. Nur nicht zuviel schneiden! Schneiden verdickt die Haut. Lieber benutzen wir einmal den Nagelhautentferner: Die Häutchen lösen sich von selbst ab, und wunde Stellen bleiben uns erspart. Wollen wir aber gründlich gegen die Nagelhaut angehen, so stecken wir unsere Fingerspitzen fünf Minuten lang in warmes Seifenwasser. Dann sofort reichlich Fettcreme auf die Nägel und ihre Umgebung auftragen. Sie werden sehen, wie begierig das Fett von der erweichten Haut geschluckt wird. Mit einem weichen Holzstäbchen wird sodann die Creme sorgsam unter den Nagelwall geschoben und das »Möndchen« freigelegt. Mit einer Schere lösen wir die Nagelhaut nur dann, wenn es gar nicht anders geht. Ist es einmal nicht zu vermeiden, dann müssen Sie mit größter Vorsicht vorgehen und die Schere dabei nach innen zum Nagel halten. Es darf nicht die kleinste Wunde entstehen, denn alle Verletzungen können zu höchst schmerzhaften Infektionen führen. Hat unsere kleine Hautschere aber doch einmal in den Nagelwall hineingezwickt, dann die wunde Stelle gleich mit Wasserstoffsuperoxyd betupfen! Entzündet sich die Stelle trotzdem, mit Jod bestreichen.

Bevor Sie die Nägel lackieren, vergewissern Sie sich, welchen Nageltyp Sie besitzen. Haben Sie fettige Nägel oder Nägel, die zum Brüchigwerden neigen? Im letzteren Fall sollte man Lack vermeiden, da er die Nägel austrocknet.

Die Illusion von schmalen Nägeln und schlanken Fingern erreichen Sie, wenn der ganze Nagel mit Lack überzogen wird. Dann aber nicht vergessen, am Nagelbett, sowie rechts und links je einen schmalen Streifen frei von Lack zu lassen, da sonst der Nagel nicht atmen kann. Hat Ihr Nagel ohnedies eine längliche Form und besitzen Sie feingliedrige Hände, dann ist es immer reizvoll, wenn Sie das Möndchen nicht mitlackieren und den oberen Nagelrand ebenfalls freilassen.

Erfordert das tägliche Lackieren aber zuviel Zeit, dann sollten Sie wenigstens Ihre Nägel polieren. Das hat auch den Vorteil, daß die Nägel, falls sie trocken sind und zum Brechen neigen, an Geschmeidigkeit gewinnen.

Eine wirklich bewegliche und ausdrucksvolle Hand wird durch Hand- und Fingergymnastik erreicht. Am besten führt man sie täglich kurz aus:

Finger spreizen, drei- bis fünfmal, dann die Handgelenke schütteln.

Tigerkralle: Jede Frau hat schon einmal bei dem Gedanken, »dem möchte ich die Augen auskratzen«, unbewußt Tigerkrallen gemacht. Jeder Finger wird einzeln in den oberen Gliedern bis zur Fingerwurzel gebeugt und wieder zurückgestreckt. Dann, zum Schluß der Übung, ballt man noch ein paarmal die Fäuste. Finger und Handgelenke schütteln.

Das Haar, der schönste und natürlichste Schmuck der Frau

Üppiges und glänzendes Haar ist der schönste Schmuck jeder Frau und verdient deshalb eine besonders sorgfältige Behandlung. Wie leicht werden kleine Schönheitsfehler übersehen, wenn das Haar durch seine Lebendigkeit und seinen frischen Glanz alle Blicke auf sich zieht. Jedes Haar kann schön sein, wenn man es richtig pflegt und behandelt.

Einen kleinen Ausflug in die Wissenschaft können wir uns aber hier nicht ersparen, denn um das Haar richtig pflegen zu können, müssen wir um seine Beschaffenheit wissen.

Aus einer Einstülpung der Oberhaut, die sich an ihrer äußeren Kante zu der sogenannten Haarzwiebel verdickt und in der Haarpapille mit Blut versorgt wird, schiebt sich der Haarkegel an die Oberfläche. Dieser Haarkegel ist das, was wir als Haar sehen, eine Röhre aus horniger Substanz, deren Inhalt die Haarfarbe ergibt. Die Haardicke ist nicht immer gleich, und auch die Anzahl der Haare ist unterschiedlich. Blonde Menschen haben mehr Haare als brünette, und die Rothaarigen haben meist am wenigsten. Dadurch, daß das Haar fest in unserer Haut verwurzelt ist, lebt es. Wir merken das daran, daß die Haare ständig wachsen und, wenn sie sterben, ausfallen.

Unser Haar ist dem Schmutz in der Luft, z. B. Staub, Ruß oder Fetteilchen, weit stärker ausgesetzt und nimmt ihn auch stärker auf als andere Körperteile. Darum hat jede Haarpflege mit einer sorgfältigen Wäsche zu beginnen. Allerdings sei vor allzu häufigem Waschen gewarnt. Durch die Talgdrüsen wird nämlich die Kopfhaut von Natur aus immer wieder gesalbt. Es ist also falsch, wenn wir durch dauerndes Waschen den Kopf und das Haar dauernd entfetten. Brüchigkeit und Glanzlosigkeit sind dann die Folge.

Wenn Sie Ihr Haar endgültig trocknen, dann bitte langsam, damit es nicht brüchig wird. Also nur warme Tücher und warme Luft (niemals heiße) verwenden. Für blondes und brünettes Haar ist Sonnentrocknen am besten. Die Sonne hellt das Haar auf und macht es glänzend und locker.

Zur besseren Durchblutung der Kopfhaut empfehle ich, wenn das Haar trocken ist, eine kleine Kopfmassage. Sie legen die Fingerspitzen von Zeige-, Mittel- und Ringfinger fest auf die Kopfhaut und reiben nun nicht die Haut, sondern bewegen durch den Druck das Untergewebe in kreisenden Bewegungen. Dabei dürfen die Finger niemals auf der Haut hin- und hergleiten, wie bei der normalen Massage.

Das einfachste Mittel, sein Haar schön zu erhalten, ist das Bürsten. Jeden Morgen und jeden Abend das Haar mit einer mittelkräftigen Bürste aus Naturborsten zu bearbeiten, wirkt Wunder. Am Abend bürste ich mein Haar zwanzigmal nach vorne, zwanzigmal zur Seite und zwanzigmal nach hinten. Diese Übung, jeden Abend mit kräftigen, ziehenden Strichen ausgeführt, hat meinem Haar Lebendigkeit und Frische erhalten. Setzen Sie Ihr Haar sooft Sie können dem Wind und der Sonne aus. Natürlich nicht im Übermaß.

Himmel, mein Haar fällt aus!

Wenn wir uns morgens kämmen, finden wir alle regelmäßig eine kleinere oder größere Anzahl ausgegangener Haare. Darüber brauchen wir uns aber keine Sorgen machen. Für Zwanzig- bis Fünfunddreißigjährige ist ein täglicher Verlust von vierzig Haaren normal, für Fünfunddreißig- bis Fünfzigjährige ein Verlust von sechzig Haaren und für über Fünfzigjährige sind neunzig ausgefallene Haare kein Grund zur Besorgnis. Denn die Haare werden nicht besonders alt, im Laufe des Lebens werden sie rund zehnmal erneuert. Perioden schnellen Wachstums werden von Ruhepausen abgelöst. Im allgemeinen wächst das Haar im Sommer schneller als im Winter und schneller am Tag als in der Nacht. Durchschnittlich in sechs Wochen zweieinhalb Zentimeter. Übrigens wächst kurzes Haar doppelt so schnell wie langes.

Wenn Sie am unteren Ende der ausgefallenen Haare eine weißliche Verdickung bemerken, brauchen Sie auch nicht zu erschrecken. Es ist ein Ammenmärchen, daß das die Wurzel sei und daß diese Haare nun für immer und ewig verloren seien. Dieses dicke Etwas ist, ganz im Gegenteil, die Haarzwiebel, die von einem nachdrängenden jungen Haar aus der Haut geschoben wurde.

Wenn aber die Schuppen überhandnehmen und die Haarbüschel im Kamm immer größer werden, dann ist es höchste Zeit, etwas dagegen zu unternehmen. Einer der wesentlichsten Gründe für Haarschuppen ist schlechter Stoffwechsel, den man als das Hauptübel unserer Zeit ansehen kann. Hier muß man durch geeignete Ernährung (Gemüse und Obst) die Verdauungsstörungen bekämpfen und kann damit dann gleichzeitig den Haarausfall steuern. Auch schwere Krankheiten, Entbindungen und selbst seelische Belastungen können Haarausfall verursachen. Eine weitere Ursache sind Erkrankungen der Kopfhaut. Hier sollte man möglichst nicht herumexerzieren, sondern einen Arzt aufsuchen.

Ein ausgezeichnetes Mittel gegen Haarausfall ist folgendes Rezept:

$^1/_3$ Rizinusöl, $^1/_3$ ganz starken schwarzen Tee (Extrakt) und $^1/_3$ Rum oder Apfelessig kräftig schütteln und in die Kopfhaut einreiben. Leiden Sie sehr unter Schuppen, so setzen Sie Ihrem Waschwasser pro Viertelliter einen Teelöffel Salz zu oder reiben Sie täglich etwas Apfelessig in die Kopfhaut ein.

Es gibt beim Haar Vorgänge, die an die Persönlichkeit ihres Trägers gebunden sind und auch in den seelischen Bereich mit hineinspielen. So gibt es Tage, wo die Haare genauso ungebärdig sind wie die Trägerin. Und ein andermal sind sie wiederum sanft und gefügig und schmiegen sich locker an die Schläfen. So leben auch Ihre Haare mit Ihren jeweiligen Gemütszuständen mit, und Glanzlosigkeit und Stumpfheit sind oft eine Folge Ihrer Stimmungen und Probleme.

Die Skala der *Haarfarben,* ich meine der natürlichen, geht von Aschblond über Hellblond, Rotblond, Dunkelblond, Hellbraun, Dunkelbraun und Schwarz zum Blauschwarz. Außerhalb dieser Reihe steht das Rot, das in einigen Übergängen mit dem Blond verbunden ist; typisch für die Rothaarigen ist der zarte Teint. Zwischen allen Einzelfarben und dem Weiß des Alters stehen die verschiedenen Grautöne.

Nun liegt es aber in der Art des Menschen, die Natur korrigieren zu wollen. Beim Haar bedeutet das die Farbe nach Wunsch.

Soll man sich das Haar färben?

Einen Grundsatz sollten Sie beim Haarfärben immer beherzigen: Pfuschen Sie niemals selbst an Ihrem Haar herum, wenn Ihnen Ihr Aussehen und die Gesundheit Ihres Haares etwas bedeutet. Der beste Friseur ist gerade gut genug. Und noch eines: Ich rate Ihnen, nur im Zustand des körperlichen Wohlbefindens zum Färben zu gehen, da sonst leicht Fehlfarben entstehen können.

Im übrigen ist das Färben der Haare nicht schädlich, wenn es fachmännisch geschieht. Die modernen Haarfarben rufen einen wunderbaren Glanz hervor. Aber der Schimmer Ihrer Haut und die Farbe Ihrer Haare müssen zusammenpassen, und nur der gute Fachmann erkennt die feinen Unterschiede in diesen Tönungen, die letzten Endes Ihr Aussehen bestimmen.

Haare färben ist mehr als nur eine modische Laune – es ist vielmehr eine Verjüngung. Wenn daher Ihre natürliche Farbe ausdruckslos und unansehnlich geworden ist, dann zögern Sie nicht, sondern beraten Sie sich mit Ihrem Friseur über die Möglichkeiten des Haarfärbens.

Für den Abend gibt es die sogenannten »Tonspülungen« oder Perücken. Hier kann man schon zu einigen Extravagancen übergehen – zu einer besonders auffallenden und im Alltag ungebräuchlichen Farbe –, denn die ganze Pracht ist nachher leicht abzuwaschen. Ich möchte Sie hier auf den ganz besonderen Effekt des berühmten »Coup de Soleil«, des »Sonnenstichs auf dem Haar«, hinweisen, das ist eine Aufhellung der Haarspitzen bei dunklem Haar, wodurch eine wunderschöne Aura entsteht. Übrigens ist das Haarfärben so alt wie die menschliche Kultur. Als die ersten blonden Germanenfrauen mit ihren leuchtenden Haaren die ersten Römerherzen bezauberten, kamen viele Römerinnen in große Verlegenheit. Um nicht zurückzustehen, ließen sie sich ihre schwarzen Haare bleichen.

Das Problem der grauen Haare

Wenn Sie einmal die Sechzig überschritten haben, werden graue Haare kein Problem mehr für Sie sein, besonders wenn Sie Ihr Gesicht noch jung erhalten haben. Es kommt nur darauf an, daß Ihr Haar gepflegt ist und lebendig glänzt. Wenn Sie sich nämlich noch jung fühlen und von innen her glücklich und froh sind, dann ist die natürliche Haarfarbe im Grunde genommen ganz gleichgültig, denn jedes Haar kann schön sein.

Lassen Sie sich durch graue Haare nicht entmutigen; zu einem feinen Teint paßt das natürliche graue Haar sehr gut. Weniger reizvoll ist dagegen das zu früh ergraute Haar. Hier rate ich Ihnen zum Auffrischen der alten Farbe, was heutzutage in der Regel hervorragend gelingt. Denn wenn Sie erst vierzig sind und dennoch glauben, daß Ihnen Ihr graumeliertes Haar eine pikante Note verleiht, so ist das ein Irrtum; Sie sehen dadurch um ein Jahrzehnt älter aus.

Frisur und Gesamterscheinung

Wenn Sie ein kleines, schmales Gesicht haben, kleidet Sie eine lockere und leichtgewellte Frisur am besten. Großflächige Gesichter brauchen dagegen eine unauffällige, einfache Frisur. Hier wirkt auch ein kurzer Haarschnitt vorteilhaft. Scharfe Züge werden durch langes, gewelltes Haar gemildert; Frauen im reiferen Alter sollten jedoch nur kurzes oder aufgestecktes Haar tragen, da bei ihnen langes, wallendes Haar nur das Alter unterstreicht.

Es ist eine schwierige Frage, ob Sie Ihr Haar kurz oder lang tragen sollten. Ich möchte Ihnen darauf vor allem wieder antworten: Lassen Sie sich nicht von der Mode tyrannisieren und nehmen Sie sich keinen Hollywoodstar zum Vorbild! Nur Ihr Typ kann für Ihre Frisur entscheidend sein, und Sie dürfen ihn nicht vergewaltigen, nur weil »man« jetzt gerade diese oder jene Frisur trägt.

Denken Sie immer daran: Ihr Haar ist nicht nur Ihr natürlicher und deshalb auch schönster Schmuck, sondern Ihre Frisur ist mitentscheidend für Ihre Gesamterscheinung.

»Wenn ich in deine Augen seh' ...«

Das Auge ist der »Spiegel der Seele«. Unseren Charakter, unsere Stimmungen und Launen, Glück und Schmerz – all das spiegelt unser Auge wider. Der Reiz, der von einem ausdrucksvollen Auge ausgehen kann, läßt oft Unschönheiten vergessen, die man bei einem anderen Menschen nicht übersehen würde. Die Augen beherrschen das ganze Gesicht und sagen deutlicher, was wir denken und fühlen, als Worte oder Gesten es tun können. Deshalb verlangt das Auge auch eine ganz besondere und intensive Pflege, denn es ist sehr empfindlich, vor allem gegen falsche Behandlung.

Äußerliche Pflegemittel

Prüfen Sie sich, ob Sie vielleicht die Angewohnheit haben, Ihre Augen zusammenzukneifen. Tun Sie das nicht! Denn das gibt Falten, jene gefürchteten Krähenfüße, die Sie älter erscheinen lassen, als Sie sind.

Natürlich schadet Weinen ebenfalls. Man kann sich aber auch die vielen, leicht vergossenen Tränen gut angewöhnen! Es gibt überdies bewährte Mittel, rotgeweinte Augen rasch wieder schön zu machen: Baden Sie sie einfach in einem schwachen Aufguß von Kamille oder in etwas Meersalzwasser (ein gehäufter Eßlöffel Salz auf einen Liter Wasser), und schon ist die Rötung verschwunden. Das gilt natürlich auch, wenn Ihr Auge von scharfem Zugwind oder Rauch angegriffen ist.

Sind Ihre Augenlider öfters gerötet – womöglich durch anstrengende Nachtarbeit –, dann legen Sie mehrmals am Tag kleine Wattebäusche mit Kamillenlösung oder mit schwachem Borwasser auf, aber nur für einige Minuten. Der Erfolg stellt sich prompt ein. Kein Bild, auch nicht das größte Meisterwerk, wirkt gut, wenn es ohne Rahmen an der Wand hängt. Auch Ihr Auge braucht einen schönen Rahmen!

Da sind zunächst die *Wimpern*. Das Färben bleibt Geschmackssache. Auf alle Fälle aber brauchen sie Pflege. Sanftes Bürsten nach oben mit ein wenig Rizinusöl gibt ihnen seidigen Glanz und verstärkt ihre Farbe. Ihr Auge wird dadurch größer wirken.

Rasierte Brauen sehen künstlich aus, deshalb zupfen Sie sie lieber aus. Sie wachsen dann auch viel langsamer nach. Haben Sie auf diese Weise den Schwung Ihrer Brauen berichtigt, dann bürsten Sie sie zunächst gegen den Strich, um sie danach mit etwas Rizinusöl wieder zu glätten.

Schminken Sie sich möglichst keine Ringe unter die Augen! Das wirkt nicht besonders anziehend. Stellen Sie jedoch eines Tages fest, daß Sie wirklich Ringe unter den Augen haben, dann gehen Sie schleunigst zum Arzt, denn Ringe unter den Augen zu haben kann häufig ein Zeichen verborgener, nicht erkannter Krankheit sein.

Schlechtes Licht ist dem Auge schädlich, das ist eine uralte Wahrheit. Aber zuviel Licht kann ihm ebenso schaden! Wenn Sie sich im grellen Sonnenlicht bewegen, dann schützen Sie Ihre Augen lieber mit einer guten Sonnenbrille! Aber hüten Sie sich, irgendwelche billigen, gefärbten Gläser zu kaufen! Diese verdunkeln nämlich nur scheinbar, in Wirklichkeit aber lassen sie gerade die so schädlichen ultravioletten Strahlen ungehindert durch, und Ihre Augen leiden darunter noch mehr, als wenn Sie gar keine Brille tragen würden.

Die Sonnenbrille ist Mode geworden, und manchmal sieht sie auch ganz gut aus, aber es ist die Frage, ob eine Frau gerade das Schönste, was sie besitzt, verbergen soll. Ich habe bei Menschen, die ihre Augen auch dann hinter dunklen Gläsern verstecken, wenn es gar nicht nötig wäre, immer das Gefühl, sie hätten auch sonst einiges vor mir zu verbergen, und dementsprechend ist meine Einstellung ihnen gegenüber dann auch.

Sie wissen es ja selber: Ihr Auge ist ein Organ wie jedes andere, es kann ruhig angestrengt werden, aber es braucht dann auch wieder Ruhe; und es will auch trainiert werden. Vermeiden Sie alles Lesen in der Straßenbahn oder im Omnibus. Wenn Ihnen die Fahrt zur Arbeitsstätte zu langweilig wird, dann suchen Sie sich ein schönes Ziel, etwa einen entfernten Turm oder ein Hausdach, und versuchen Sie dort einige Einzelheiten zu erkennen. Wechseln Sie dann plötzlich die Entfernung und betrachten Sie etwas sehr Nahes, z. B. die Auslage eines Geschäftes, genauso eingehend. Kurz, führen Sie Ihre Augen ständig spazieren. Das ist eine sehr gesunde Augenübung, denn damit erhalten Sie sich eine gute Sehkraft bis ins hohe Alter hinein. Ihr Auge bleibt damit fähig, sich auf Entfernungen einzustellen, und Sie können dadurch die gefürchtete Kurz- oder Weitsichtigkeit vermeiden oder zumindest weiter hinausschieben.

Die kluge »Brillenschlange«

Haben Sie schon einmal beobachtet, wie viele Menschen, sobald sie etwas näher betrachten, die Augen zusammenkneifen? Das sind die Törichten, die glauben, sie würden mit einem faltigen, verkniffenen Auge besser aussehen als mit einer Brille!

Das Wissen, daß ein geschliffenes Glas den Augen helfen kann, besser zu sehen, ist sehr alt. Man bediente sich dazu früher geschliffener Edelsteine. Erst im 13. Jahrhundert erfand ein Mönch die eigentliche Brille, und seitdem hat sie viele Wandlungen durchgemacht. Galt sie bald nach ihrer Erfindung als sehr vornehmes Attribut, so wurde sie später wieder verpönt, und manche Leute wissen noch zu berichten, daß man sie als »Brillenschlange« verspottete.

Es gibt aber doch so hübsche und elegante Brillen, die sich dem Gesicht und der Gelegenheit gut anpassen.

Sollten Sie Ihre Abneigung gegen eine Brille jedoch absolut nicht überwinden können oder Ihr Beruf es Ihnen unmöglich machen, eine Brille zu tragen, dann versuchen Sie es doch einmal mit Haftschalen. Diese winzig kleinen Kunstwerke aus geschliffenem Glas trägt man unmittelbar auf dem Augapfel. Sie schwimmen auf der Flüssigkeit des Auges und sind von außen überhaupt nicht erkennbar. Allerdings sind sie nicht für alle Menschen verträglich.

Bei großen Kopfschmerzen muß man oftmals in Betracht ziehen, daß sie von mangelnder Sehschärfe herrühren können. Machen Sie die Probe aufs Exempel: Verdunkeln Sie mit beiden Händen Ihre Augen (nicht schließen) und zählen Sie dabei bis sechzig. Dann nehmen Sie die Hände kurz weg und dann verdunkeln Sie die Augen wieder. Tun Sie das einige Male, so kann es sein, daß sich der Sehnerv danach erholt hat und die Kopfschmerzen weg sind.

»Und wenn ich küsse deinen Mund . . .«

»Und wenn ich küsse deinen Mund, so werd ich ganz und gar gesund!« dichtete der in Liebesdingen nicht ganz unerfahrene Dichter Heinrich Heine, und er hatte recht! Gilt doch bis heute unter der Männerwelt ein Kuß von zartem Mund als Lohn, »der reichlich lohnet«. Nur stellt man jetzt diese Tatsachen weniger poetisch, sondern durch die so beliebten Gallup-Umfragen fest: Deutsche, Amerikaner, Franzosen und Skandinavier gaben, befragt, auf was sie bei einer Frau zuerst achteten, trotz ihrer so verschiedenen Mentalitäten zum überwiegenden Teil die Antwort: »Auf Charme und schöne Zähne!«

Warum schaut man wohl bei der Betrachtung eines Menschen zuerst auf den Mund? Sehr einfach: Der Mund verleiht dem Gesicht seinen Ausdruck. Er zeigt, ob den Menschen Freude oder Zorn beherrschen, ob ihn ihm Zärtlichkeit oder Bosheit wohnen, Verehrung oder Verachtung, Zweifel, Bestürzung oder Glück! Und, Hand aufs Herz, reiht man sein Gegenüber nicht schon bei der ersten Betrachtung in eine gewisse Kategorie ein? Der Mann ist noch nicht geboren, der sich einem charmant lächelnden Frauenmund, aus dem weiße Zähne blitzen, die wie Perlen schimmern, entziehen könnte!

Mundpflege

Wie wichtig ist darum die Pflege des Mundes! Auch das beste Make-up verdeckt keine schadhaften Zähne, spröden Lippen und faltige Mundwinkel.

Führen Sie täglich eine leichte Mundmassage durch: Bei offenem Mund werden die Mundpartien beider Mundwinkel zwischen Daumen und Zeigefinger genommen, leicht zusammengedrückt und losgelassen, so daß keinerlei Geräusch entsteht. Weiter setzt man den rechten Mittelfinger am linken Mundwinkel an und streicht schräg zum rechten Mundwinkel hin und umgekehrt. Alsdann gleiten beide Mittelfinger von den Mundwinkeln aus die Nasenfalten aufwärts bis zur Nasenwurzel. Es genügt, diese Übung fünfmal zu wiederholen.

Auch den Mund kann man gegen Fältchen schützen:

Sprechen Sie öfters am Tag die Buchstaben O und U in übertriebener Deutlichkeit aus. »Das macht den Mund weich und schwellend wie eine Rosenknospe«, verkündeten schon die alten Schönheitslehren – und sie haben noch heute ihre Gültigkeit.

Spröde Lippen vermeiden Sie leicht, wenn Sie vor dem Schlafengehen eine Fettcreme auftragen.

Zeigen Sie die Zähne

Ohne gesunde, gepflegte Zähne gibt es überhaupt keine Frauenschönheit! Ein schadhaftes oder lückenhaftes Gebiß nimmt dem Gesicht jede Jugendlichkeit. Die Wangen fallen ein, kleine, senkrechte Falten treten auf, die Lippen verkriechen sich vor Scham (weil man den Mund am liebsten gar nicht mehr öffnen mag!). Hier ist – neben der täglich, morgens und abends notwendigen Zahnpflege – der Zahnarzt nicht nur der Retter unserer Gesundheit, sondern auch der Erhalter von Jugendlichkeit und Schönheit.

Nun möchte ich Ihnen zunächst einmal danken, daß Sie meine Ratschläge gelesen haben. Mein Geheimnis ist auch Ihr Geheimnis geworden! Soll es nun dabei bleiben? Ich finde, nein!

Schauen Sie, in meinem ganzen Leben – und ich kann wohl ohne Übertreibung behaupten, daß es reich und vielseitig war – habe ich immer den Standpunkt vertreten, daß man das Wissen um die Kunst, schön zu bleiben, weitergeben soll.

Vielleicht werden Sie nun sagen: die hat gut reden – wenn ich so berühmt wäre und diesen Beruf gelernt hätte, dann würde ich es natürlich auch so machen und damit Geld verdienen.

Zugegeben. Aber damit allein ist es nicht getan. Denn die Wechselwirkung zwischen Geben und Nehmen, zwischen

Schüler und Lehrer erzeugt ja erst die neuen Ideen und neuen Lehren und erschließt damit auch neue Wissensgebiete. Jeder kann dazu an seinem Platz etwas beitragen. Wenn Sie eine Tochter, eine Freundin oder eine Schwester haben, der Sie mit Ihren Erfahrungen weiterhelfen, dann haben Sie im kleinen bereits dasselbe gemacht, was ich nun einmal als Beruf – und auch aus Berufung – ausübe.

Sie können mir glauben, es gibt unzählige Frauen, denen ich auf Grund meiner Erfahrungen geholfen habe, ohne eine Gegenleistung zu verlangen oder zu erwarten. Es ist immer wieder ein beglückendes Erlebnis, wenn man auf einer Vortragsreise ist, und danach drängen sich die Ratsuchenden um einen, und man erlebt immer aufs neue, wie wichtig doch dieses Helfen und Raten ist. Und wie schön!

Ja, es ist schön, wenn man der Schönheit dienen und für die Schönheit werben kann!

Liebe Freundin (da wir unser Geheimnis nun gemeinsam besitzen, darf ich Sie jetzt wirklich so nennen), besuchen Sie mich doch einmal! Und wenn Sie nicht nach München kommen können, führt uns vielleicht der Zufall einmal zusammen, ich bin ja viel unterwegs. Dann werden Sie sehen, daß die Ratschläge meines Buches erlebte Praxis darstellen. Bitte halten Sie mir nicht entgegen: Schönheit ist nur für Reiche da! Ich kann es Ihnen beweisen, daß man auch ohne Geld und nach einem arbeitsreichen Leben gut aussehen kann.

Verzeihen Sie, aber ich mußte in diesem Falle etwas mehr von mir sprechen, um Ihnen zu sagen, daß ich selbst ein Beweis meiner Lehre und meines Geheimnisses bin. Ich möchte es noch einmal wiederholen: Wir alle, die wir etwas von der Schönheit und der Brücke zu ihr verstehen, sollen und müssen dies weitergeben; jeder nach seiner Erfahrung und seinem Können.

Nichts im Leben ist vollkommen. Auch diese Brücke zur Schönheit erhebt nicht den Anspruch darauf. Manches Gebiet, manche Erkenntnis blieben unerwähnt, weil es einfach zu viel würde, wollte man über alles sprechen. Was ich Ihnen, liebe Freundin, mit diesem Buch geben will, ist ein Überblick, ein Weg – eben eine Brücke.

Sie müssen, wie ich Ihnen schon sagte, nunmehr darangehen und an sich arbeiten. Nur so kommen Sie zum erwünschten Erfolg!

Und nun noch ein Wort über die Männer!

Jetzt habe ich ein ganzes Buch geschrieben, um die Frauen – soweit es geht – zu dem vollkommensten Ideal des Mannes zu machen. Man kann es nicht anders sagen: Wir Frauen geben uns wirklich alle erdenkliche Mühe, um das große Spiel unseres Lebens, »Ich bin, wie du mich wünscht«, mit Vollendung und Virtuosität zu spielen. Vielleicht ist es mir nun auch einmal erlaubt, zu sagen, wie ich (und mit mir wahrscheinlich sehr viele Frauen) mir das Ideal eines Mannes vorstelle.

Ich wünsche mir, daß der Mann meiner Träume die zauberhaften Eigenschaften all jener Männer zeigt, die seit Adam gelebt haben. Aus jedem Jahrhundert das Beste. Allerdings, ich gebe offen zu, ich fürchte, dieser Cocktail-Mann müßte unter der Last seiner guten Eigenschaften zusammenbrechen. Und das wäre nun auch wieder schade, denn wir wollen ihn doch – wenn er in unseren Armen liegt – voll und ganz genießen. So genügt es vielleicht, daß wir uns alle die Verzauberung einer großen Liebe wünschen.

Eine solche Liebe könnte vielleicht auch den heutigen Männern (es muß ja durchaus nicht auf einmal sein) etwas von der Klugheit des Römers, der Leidenschaft der Wikinger, der Heiterkeit des Barocks, der Galanterie des Rokoko und der musischen Begabung des Biedermeier wiedergeben, um ihn zu einem olympischen Apoll zu machen (und sei es auch nur für den Hausgebrauch!).

Vor einiger Zeit schon sprach ich mit meiner Freundin über dieses Buch, daß Sie jetzt in der Hand halten. Anscheinend hatte sie einen streitbaren Tag. »Ich weiß nicht«, sagte sie,

»du schreibst sicher nur Sachen, die Frauen tun sollen, um bei den Männern Erfolg zu haben. Du wirst mit Ratschlägen nicht sparsam sein und ihnen sagen: Dieses müßt ihr tun und jenes unterlassen, ihr müßt euren Mann in Watte packen und ihn behandeln wie ein rohes Ei. Ich kenne dich ... Aber du solltest vielmehr den Männern ins Gewissen reden, warum sie sich so gar keine Mühe geben, darüber nachzudenken, wie sie ihre Frauen behandeln sollen!«

Die meisten Männer behandeln ihre Frauen falsch.

Ich streite mich nie mit Frauen. Da ich selbst eine bin, weiß ich, daß es die zweckloseste Sache der Welt ist. Vor allem glaube ich nicht, daß die Männer uns Frauen jemals schlecht behandeln wollen. Falsch allerdings – falsch behandeln sie uns alle ...

Wenn ich auch weit davon entfernt bin, hier den Herren der Schöpfung eine Philippika lesen zu wollen (denn das würde ich nie wagen), so möchte ich ihnen doch ganz gerne eine kleine Rede halten und vor einem imaginären Spiegel die Randbeleuchtung einschalten, der ihnen einmal nicht das gewohnte adrette Bild ihres äußeren, sondern das (manchmal) etwas weniger schmucke Bild ihres inneren Menschen zeigen soll. Vielleicht kann das ganz nützlich sein. Die oft besprochene große »Ehetragödie« von heute, um die man die Meinung der Psychologen, der Ärzte, der Juristen und der Theologen bemüht, bekommt ihre Nahrung aus jenen feinen Rissen des Alltags, die man vergißt, rechtzeitig zu stopfen. Wenn man dann nach einiger Zeit diese Löcher betrachtet, lassen sie sich nicht mehr »reparieren«.

Was die Liebe verspricht, hält die Ehe selten.

Als Liebhaber ist der Mann einfach unwiderstehlich. Im Stadium des Werbens versteht er viel von der charmanten Übertreibung, deren die Liebe bedarf. Mit der Standhaftigkeit der Gefühle hat allerdings das Fortissimo dieser Ouvertüre nicht sehr viel zu tun. Männer halten schlecht das Thema durch. Sie finden nämlich sehr schnell, daß »andere Mütter auch hübsche Töchter haben . . .«

Und wenn diese Tatsache auch leider nicht zu bestreiten ist, so ist sie doch für uns Frauen schwer zu verdauen. Außerdem leiden die Männer alle an einem angeborenen und schwer heilbaren Idealismus. Sie projizieren uns alle in ihre unreifen Knabenträume und ihre unkontrollierten Sehnsüchte hinein und sind dann sehr enttäuscht, wenn diese selbstgeschaffene »Homunculine« ihrer kühnen Phantasie nicht das hält, was sie sich von ihr versprochen haben. Dann aber wird die Enttäuschung beiderseitig und gefährlich.

Leider hat der Mann zwar ein sehr starkes, aber auch oft ungemein gedankenloses Herz . . .

Schauen Sie sich doch für einen Augenblick die folgende Szene an, die sehr häufig mit einem Tribunal endet, das vermieden werden könnte. Eine geradezu klassische Szene: Er liebt seine Frau, ja, er kann eigentlich ohne sie gar nicht leben. Trotzdem kommt er schlechtgelaunt nach Hause, nörgelt an allem herum, sieht nicht, daß sie sich für ihn ein bißchen hübsch gemacht hat und wieviel Mühe sie sich gegeben hat, daß es ihm schmeckt. Er ißt viel und spricht wenig. »Wie war's denn heute im Büro?« fragt sie schüchtern. »Mein Gott, wie soll es schon gewesen sein?!« antwortet er unwillig und greift bereits zur Zeitung. Wenn die beiden nun erst ein Jahr verheiratet sind, dann würgt sie mit dem letzten Bissen ihre Enttäuschung hinunter.

Schließlich wagt sie die Frage: »Sag mal, hast du mich denn überhaupt noch lieb?« Er sieht kurz auf und schüttelt dann den Kopf: »Fragen stellst du manchmal! Natürlich hab' ich dich lieb! Übrigens steht die D-Mark heute in der Schweiz sehr gut.«

Nochmals nimmt sie einen Anlauf und zeigt ihm den neuen Hut, den sie seinetwegen mit hundert Hoffnungen gekauft hat. Aber während sie ihn aufsetzt, lacht er laut los: »Du glaubst doch nicht etwa, daß ich mit dir und diesem lächerlichen Ding jemals auf die Straße gehe? So etwas kannst du nicht tragen!« »Aber bei Lissy fandest du doch dasselbe Modell bezaubernd!« trumpft sie auf, um von ihm die träumerische Antwort zu erhalten: »Ja, bei Lissy sieht er ja auch ganz anders aus . . .«

Wenn sie nun den vielsagenden Ton, der über »Lissy« und »anders« liegt, nicht aushalten kann, stürzen ihr unweigerlich die Tränen übers Gesicht. In solchen Augenblicken schreit er dann gewöhnlich los und läßt die flache Hand auf die Tischplatte sausen: »Hysterisch wirst du nun auch noch!« Und all das sagt derselbe Mann, der sie noch vor zwei Jahren mit Komplimenten überschüttet hat!

Diese Szene hier ist ein wenig zusammengedrängt.

Und nun lassen Sie sich ein paar Fragen vorlegen, meine Herren: Wie oft waren Sie gelangweilt und müde, wenn Sie mit Ihrer Frau zusammensaßen, und wie oft wurden Sie dann hellwach, wenn eine andere, meinethalben entzückende junge Dame dazukam? Wann sind Sie das letzte Mal von selbst auf den Gedanken gekommen, Ihre Frau zu loben, ihr eine Kleinigkeit mitzubringen, ihr eine Freude mit einer Theater- oder Kinokarte oder mit einem bestellten Tisch in einem Restaurant zu machen? Wie oft sagen Ihre Augen, daß sie eine andere Frau zauberhaft finden, und wie oft sagt Ihr Mund das zu Ihrer Gattin? Wie oft geben Sie mit ein paar Zärtlichkeiten zu, daß Sie im Grunde genommen Ihre Frau noch genauso gern haben wie damals . . . Wie oft bitte, meine Herren?

Ich verlange keine Antwort. Ich weiß längst, daß alle Männer den alten Lohengrin-Wunsch haben: »Nie sollst du mich befragen . . .!« Aber antworten Sie Ihrem besseren Selbst und sagen Sie doch bitte ohne zu erröten:

»Meine Liebe trägt ihr rosa Band
wie in den Werbetagen.
Und niemals soll – das schwör' ich dir –
sie Schlafrock und Pantoffeln tragen . . .«

Noch einige Tips

Wassertreibende Mittel: Tee aus Petersilie, Sellerie oder Wiesengeißbart.

Menschen, die viel Petersilie oder Sellerie essen, werden auch selten von Gallensteinen oder Nierensteinen heimgesucht.

Hämorrhoiden: Morgens, mittags und abends eine Tasse frisch aufgebrühten Schafgarbentee trinken. Schon in kürzester Zeit ist der Erfolg spürbar.

Husten oder Hustenreiz: Salbeiblätter kauen oder warmen Salbeitee trinken.

Schnupfen: In einer Tasse mit abgekochtem, lauwarmem Wasser einige Körnchen Meersalz auflösen. Dann mit beiden Nasenlöchern zugleich soviel Flüssigkeit wie möglich aufsaugen und sofort kräftig ausstoßen. Dieses zwei-, dreimal wiederholen.

Mittel gegen ständige Rachenerkältung: Man brühe einen Tee aus Huflattich (Blüten sind am wirksamsten), Fenchel und Löwenzahn zu gleichen Teilen. Ein Eßlöffel dieser Mischung soll für zwei Tassen reichen. Man kocht den Tee fünf bis zehn Minuten.

Bei Gelenkschmerzen: Man nehme soviel wie möglich von der gallertartigen Masse im Blattinneren der Aloe, erhitze diese, streiche sie auf ein Tuch und lege sie – gut bedeckt – auf die schmerzenden Stellen.

Bei Geschwüren und hartnäckigen offenen Wunden: Man schneide ein Aloeblatt auf und bringe die gallertähnliche

Masse direkt auf die offene bzw. entzündete Stelle und binde ein nasses Tuch darauf. Durch die Aloemasse wird die Erneuerung zerstörter Zellen beschleunigt. Bei entzündeten Stellen schützt es gegen Infektionen und fördert damit den Heilungsprozeß.

Bei Verbrennungen und Insektenstichen wirkt das Innere der Aloeblätter, direkt auf die Wunde aufgebracht, rasch lindernd. Im Winter sollen Aloepflanzen keinen Frost bekommen. Starke Sonne ist auch nicht gut, also in den Halbschatten stellen.

Bei Hautschuppen, Ekzemen, Hautreizungen und rheumatischen Schmerzen: Weißkohlblätter mit heißem Wasser gut waschen und mit einer Teigwalze rollen, damit die Stiele weich und saftig werden. Das feuchte Blatt wird auf die erkrankte Stelle aufgelegt und mit einer leichten Binde oder einem Tuch verbunden. Das Blatt soll öfters frisch erneuert werden.

Braune Flecken auf den Händen: Die befallenen Stellen täglich abends und morgens mit Rizinusöl einreiben. Die Geduld nicht verlieren, oft ist der Erfolg schon nach einigen Wochen sichtbar.

Nagelpilz: »Hoffmanns Reisstärke« mit heißem Wasser zu einem dicken Brei verrühren. Die Hände oder Füße, die von Nagelpilz befallen sind, zehn bis fünfzehn Minuten in diesen Brei stecken. Dann abstreifen, trocknen lassen und die kranken Nägel mit Olivenöl einreiben.

Bei Mückenstichen: Rohe, zerquetschte Erdbeerblätter auflegen – das nimmt jede Schwellung.

In der Kosmetik spielen die Heilkräuterzusätze eine große Rolle. Die wichtigsten *aktivierenden Kräuter* sind:

Arnika. Verwendet wird die Blüte. Sie wirkt, äußerlich angewendet, belebend, heilend und durchblutend.

Brennessel. Sie enthält Schwefel; wird angewandt zur Haarförderung, auch bei Seborrhoe der Kopfhaut in Form von Haarwasser oder als Tee-Extrakt.

Fenchel. Der Samen enthält ein stark riechendes, ätherisches Öl. Er wirkt antiseptisch, belebend und glättend bei unaktiver und auch bei alternder Haut.

Kamille. Die Wirkung ist heilend, auflösend und erweichend, aber niemals tonisierend; darum bei welker Haut niemals Kamille allein anwenden, sondern immer in Verbindung mit Arnika oder Schafgarbe.

Lindenblüte. Das Destillat wirkt haarwuchsfördernd, außerdem milde anregend bei Gesichtskompressen, und bei Sommersprossen leicht bleichend. Gut für Gesichtsdampfbäder.

Pfefferminze hat antiseptische Eigenschaften. Verwendung bei Kompressen, da das Öl auflösend wirkt.

Salbei. Festigt die Haut und das Gewebe. Für kühle Gesichtskompressen.

Schafgarbe. Wichtig bei Seborrhoe der Haut, äußerlich anwenden oder als Tee trinken.

Heilkräftige Rohkostsäfte

Baldriansaft: Nervenberuhigend.

Birkensaft: Bei Rheumatismus sehr wirksam.

Bohnensaft: Entwässert.

Brennesselsaft: Bei Rheuma; wirkt auch leicht abführend und blutreinigend.
Brunnenkressensaft: Wirkt reinigend.
Fenchelsaft: Bei Blähungen, wirkt beruhigend.
Hagenbuttensaft: Bei Vitaminmangel.
Huflattichsaft: Bei Husten, wirkt schleimlösend.
Johanniskrautsaft: Nervenaufbauend. Als Öl bei Gelenkschmerzen einreiben.
Kamille: Wirkt schmerzlösend.
Kartoffelsaft: Beruhigt die Magennerven, senkt die Magensaftabsonderung.
Knoblauchsaft: Bei arteriosklerotischen Beschwerden.
Löwenzahnsaft: Löst die Stoffwechselschlacken. Zu empfehlen bei Akne und Hautunreinheiten.
Manna-Feigen-Sirup: Bei Verstopfung.
Möhrensaft: Wirkt stärkend und aufbauend.
Rote-Beete-Saft: Hoher Vitamingehalt, stärkt die Abwehrkräfte.
Salbeisaft: Ein großartiges Gurgelmittel, desinfiziert.
Schafgarbensaft: Beseitigt Blähungen – wirkt krampflösend.
Sauerkrautsaft: Reguliert den Stuhlgang.
Schwarzrettichsaft: Anregung der Leber und des Gallenflusses.
Selleriesaft: Wirkt blutreinigend.
Spinatsaft: Wirkt blutbildend.
Thymiansaft: Bei Reizhusten, wirkt reinigend, desinfizierend und entkrampfend.
Weißdornsaft: Unterstützt das Herz und den Kreislauf.
Wermutsaft: Oft bei Migräne sehr wirksam.

Praktische Ratschläge zur naturgemäßen Lebensweise. Mit über 270 Rezepten. Von Franziska Kinz. (9032)

Erfolg und hohe Darstellungskunst der Staatsschauspielerin und profilierten Darstellerin vieler großer Rollen wurden entscheidend bestimmt durch stärkste innere Hingabe, strenge Selbstdisziplin und ständige Übung zur Erhaltung der physischen Belastbarkeit.

Die richtige Diät für jeden Fall. Erkenntnisse der Medizin, Erfahrungen der Kochkunst, 186 Rezepte für alle Tage. Von Dr. Heinz Willert und Fini Pfannes. (9031)

Ein Arzt und Ernährungswissenschaftler hat mit einer international anerkannten Kochexpertin dieses Buch geschrieben, davon ausgehend, daß den Patienten mit Verboten allein nicht geholfen ist, daß vielmehr der Freude am erlaubten Genuß ein entscheidender Anteil an ihrer Genesung zukommt.

Gesund und leistungsfähig durch richtige Ernährung. Von Albert von Haller und Prof. Dr. Boris Luban-Plozza. 28. Tsd. (2453)

Diese Hinweise für die täglichen Mahlzeiten sollte jede Hausfrau befolgen: Sie handeln von den häufigsten Ernährungsfehlern, der Kunst, richtig zu kochen, der Aufbewahrung von Nahrungsmitteln und enthalten wertvolle Tips für den täglichen Speisezettel sowie den Wochenplan für die Küche.

WILHELM GOLDMANN VERLAG MÜNCHEN

Goldmann MEDIZIN

Ausgleichs- und Entspannungsgymnastik. Ein Trainingsprogramm mit Einzel-, Partner- und Gruppenübungen. Über 200 Fotos. Von Hiltrud Lodes. (9051)

Die Dozentin für Sport und Gymnastik gibt eine reichbebilderte praktische Anleitung zu körperlicher und seelischer Entspannung, zur Herstellung eines Spannungsausgleichs sowie zur Erhaltung und Verbesserung der physischen und psychischen Elastizität, Beweglichkeit und Fitness.

Schönheitsgymnastik für Frauen. Mit 100 Abbildungen. Von Dr. Earl L. Wallis und Dr. Gene A. Logan. (9008)

Die Autoren haben diese einzigartigen Gymnastikmethoden für Frauen jeden Alters ausgearbeitet. Sie legen ein Programm vor, mit dessen Hilfe durch gezielte Übungen aus dem Bereich der Schlankheits- und Schönheitsgymnastik und der tänzerischen Gymnastik der Abbau von überflüssigen Fettpolstern und die Kräftigung erschlaffter Muskeln gefördert wird.

Gymnastik im Büro und zu Hause. Gesunderhaltung durch Bewegung. Mit 83 instruktiven Zeichnungen. Von Dr. Erich Hoffmann. (2642)

Die gymnastischen Übungen dieses Buches sind mit Bedacht so ausgewählt, daß sie gerade jenen Schäden und Leiden vorbeugen, denen alle die ausgesetzt sind, die einen Gutteil ihres Lebens am Schreibtisch verbringen.

WILHELM GOLDMANN VERLAG MÜNCHEN

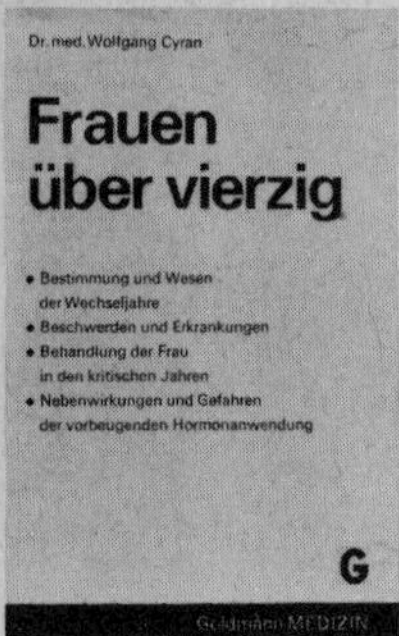

Frauen über vierzig. Beschwerden und typische Erkrankungen der Wechseljahre und ihre Behandlung. Von Dr. Wolfgang Cyran. (9044)

Der bekannte Frauenarzt schrieb diesen Band, der allen Frauen über vierzig helfen kann, die Angst vor den »kritischen Jahren« zu nehmen, ihre Furcht vor dem Altwerden, vor Einbußen an Leistungsfähigkeit und Gesundheit, ihre Furcht vor dem Verlust ihrer Weiblichkeit und Liebesfähigkeit zu überwinden.

Sexuelle Störungen der Frau. Die primäre Impotenz – die sekundären Potenzstörungen. Von Dr. Georg Schneider. (9005)

Der Autor gibt hier die in langjähriger Sanatoriumspraxis gewonnenen Erkenntnisse über die Potenzstörungen der Frau wieder. Anhand von einzelnen Falldarstellungen erläutert er Diagnose und Therapie und zeigt, daß bei seelisch bedingten Potenzstörungen auf psychotherapeutischem Weg Heilungsmöglichkeiten durchaus gegeben sind.

Die Gesundheit der Frau. Von der Pubertät bis zu den Wechseljahren. Von Dr. Charles Goldrach. (9002)

In diesem Band gibt ein französischer Frauenarzt Antwort auf alle Fragen, die junge Mädchen ebenso wie ältere Frauen angehen: Zyklusunregelmäßigkeiten, Empfängnisverhütung, sexuelle Beziehungen, Frigidität, Schwangerschaft, Abtreibung, Sterilität, Störungen der endokrinen Drüsen, Geschwulstkrankheiten u. a.

WILHELM GOLDMANN VERLAG MÜNCHEN

Verehrte Leser,

senden Sie bitte diese Karte ausgefüllt an den Verlag. Sie erhalten kostenlos unsere Verlagsverzeichnisse zugestellt.

Bitte hier abschneiden

Diese Karte entnahm ich dem Buch:

Kritik und Anregung:

Ich wünsche die kostenlose und unverbindliche Zusendung von

- ☐ Verlagsverzeichnis
- ☐ Katalog der Gruppe Wissenschaft
- ☐ Katalog »Goldmann Jugend Taschenbücher«

Name

Ort

Straße

Ich empfehle, den (die) Katalog(e) auch an die nachstehende Adresse zu senden:

Name

Ort

Straße

Aus dem Wilhelm Goldmann Verlag bestelle ich durch die Buchhandlung:

Anzahl	Titel	Preis

Name ____________________

Ort ____________________

Straße ____________________

Datum ____________________ Unterschrift ____________________

7056 · 5084 · 3.000

Bitte mit Postkarten-Porto frankieren.

Wilhelm Goldmann
Verlag

8000 München 80

Postfach 80 07 09